RUSSIAN FOR READING

RUSSIAN FOR READING

Patricia M. Arant

Slavica Publishers, Inc.

ISBN: 0-89357-086-9.

Copyright © 1981 by Patricia Arant. All rights reserved.

Text set by Karen L. Black.

Slavica Publishers
Indiana University
2611 E. 10th St.
Bloomington, IN 47408-2603
USA

[Tel.] 1-812-856-4186
[Toll-free] 1-877-SLAVICA
[Fax] 1-812-856-4187
[Email] slavica@indiana.edu
[www] http://www.slavica.com/

TABLE OF CONTENTS

Preface.. 7
Introduction.. 11

    1. The alphabet
    2. Stress
    3. Basic Russian sounds and their spellings
    4. Cases and their basic functions
    5. Alphabet and pronunciation practice I
    6. Correspondences
    7. Alphabet and pronunciation practice II

Lesson I... 25

    1.1 Articles
    1.2 The verb "be"
    1.3 Nouns
    1.4 The nominative case of nouns
    1.5 Adjectives
    1.6 The nominative case of adjectives
    1.7 The demonstrative pronoun э́тот m., э́то n., э́та f.
    1.8 The indefinite demonstrative pronoun э́то
    1.9 Third person personal pronouns о́н m., оно́ n., она́ f.; они́ pl.
    1.10 Conjunctions и, а and но́
    1.11 Questions without interrogative words: word order
    1.12 Spelling rules
    Exercises
    Vocabulary

Lesson II.. 35

    2.1 The infinitive form of the verb
    2.2 The past tense form of the verb, the Л form (vowel stems)
    2.3 The prepositional case
    2.4 The prepositional singular case endings of nouns
    2.5 The prepositional singular case endings of adjectives
    2.6 The prepositional case forms and endings of pronouns

TABLE OF CONTENTS

    2.7   Particles же and и and other signals of emphasis or contrast
    2.8   The particle ли
Exercises
Vocabulary

Lesson III.................................... 45

    3.1   Adverbs
    3.2   The genitive case
    3.3   The genitive singular case endings of nouns
    3.4   The genitive singular case endings of adjectives
    3.5   The genitive case forms and endings of pronouns
    3.6   Use of possessive pronouns
    3.7   The particle ни
    3.8   Indeclinable nouns
Exercises
Vocabulary

Lesson IV..................................... 55

    4.1   Verb aspect
    4.2   The future tense of the verb "be"
    4.3   The present and future tense forms of the verb, the Т form
    4.4   The Л form of imperfective and perfective verbs
    4.5   Summary of verb forms
    4.6   The accusative case
    4.7   The accusative singular case endings of nouns
    4.8   The accusative singular case endings of adjectives
    4.9   The accusative case forms and endings of pronouns
    4.10   Location versus motion
    4.11   Reported speech
Exercises
Vocabulary

Lesson V...................................... 70

    5.1   The past tense form of the verb, the Л form (consonant stems)
    5.2   -нуть type verbs
    5.3   Mutation of consonants
    5.4   The dative case
    5.5   The dative singular case endings of nouns

TABLE OF CONTENTS

    5.6   The dative singular case endings of adjectives
    5.7   The dative case forms and endings of pronouns
    5.8   По expressing "in the manner of"
    5.9   The short form of the adjective as predicate
    5.10   "It" constructions
    5.11   Repetition of the particle не
    Exercises
    Vocabulary

Lesson VI 81

    6.1   Going-conveying verbs
    6.2   The interrogative and relative pronoun кото́рый
    6.3   То́, что́ coordination
    6.4   The particles -то and -нибудь
    6.5   The particle ли and English "whether, whether or not; if"
    6.6   Masculine nouns in -а/-я
    6.7   The preposition при
    6.8   Third person plural of the verb with non-specified subject
    6.9   A note on loan words
    Exercises
    Vocabulary

Lesson VII 91

    7.1   The instrumental case
    7.2   The instrumental singular case endings of nouns
    7.3   The instrumental singular case endings of adjectives
    7.4   The instrumental case forms and endings of pronouns
    7.5   Instrumental time expressions
    7.6   The reflexive pronoun "self"
    7.7   СЯ verbs
    7.8   Word order with "be" or verbs close in meaning
    7.9   The Т form of -овать/-евать verbs
    Exercises
    Vocabulary

TABLE OF CONTENTS

Lesson VIII... 101
- 8.1 The plural case endings of nouns
- 8.2 The plural case endings of adjectives
- 8.3 The plural case endings and forms of pronouns
- 8.4 Participles
- 8.5 Active participles
- 8.6 Passive participles
- 8.7 The short form of the passive participle
- 8.8 Summary of long and short participial forms
- 8.9 Passive constructions
- 8.10 Neuter и-stem verbal nouns
- 8.11 A note on commas
- Exercises
- Vocabulary

Lesson IX.. 118
- 9.1 Gerunds
- 9.2 The plural case endings of nouns (continued)
- 9.3 Necessity or compulsion
- 9.4 Quantitative words
- 9.5 The assertion of existence, and the denial of existence with нёт, не бу́дет, не́ было plus genitive
- 9.6 The preposition у
- 9.7 Repetition and distribution: time and place
- 9.8 The pronominal adjective ве́сь (-е), всё, вся́; все́ (pl.)
- 9.9 Declension of -мя nouns, ма́ть and до́чь
- Exercises
- Vocabulary

Lesson X... 133
- 10.1 Imperative constructions
- 10.2 Partitive expressions and the genitive singular
- 10.3 The particle бы
- 10.4 Some uses of чтобы
- 10.5 Conditions (if...[then]...)
- 10.6 Impersonal expressions of possibility/impossibility and permission/prohibition

10.7 Interrogative (бы)...ни + verb: no matter who/whoever
10.8 Russian names
10.9 The T form of certain monosyllabic ить-verbs
Exercises
Vocabulary

Lesson XI 146

11.1 Some uses of the infinitive
11.2 Prefixed verbs of going-conveying
11.3 The stressed prefix нé- (нéкто, нéчто, нéгде, нéкуда...)
11.4 The comparative degree of adjectives and adverbs
11.5 The superlative degree of adjectives and adverbs
11.6 Numerals
11.7 Use of numerals
11.8 Сáмый plus noun
11.9 The emphatic pronoun сáм, самó, самá; сáми (pl.)
11.10 The reciprocal expression дрýг дрýга
Exercises
Vocabulary

Lesson XII 161

12.1 Some uses of the second person singular imperative
12.2 Verbs of perception and кáк coordination
12.3 Coordinating expressions of time
12.4 Correspondences between adverbs of place and prepositions
12.5 Ни рáзу...не plus verb vs. не рáз
12.6 The numeral óба/óбе
12.7 Collective numerals
12.8 Dates
12.9 Telling time
Exercises
Vocabulary

TABLE OF CONTENTS

Appendix.................................... 172

    A. Spelling rules
    B. Consonantal mutations
    C. Nominal and adjectival suffixes; pronominal suffixes and forms
    D. Verbal suffixes
    E. A brief note on word formation
    F. A note on the old orthography
    G. Word order

Russian-English vocabulary...................... 191

Index... 211

PREFACE

This text has only one goal: to teach the student to decode Russian in one semester. The author and the students who have tested the many forms of the present text in the classroom have found that it is then possible with the aid of a dictionary or gloss to comprehend articles of both a scientific and non-scientific nature as well as the poetry and prose of a variety of Russian authors.

A minimum amount of information concerning Russian script and pronunciation is given in the introductory pages. The student should master the writing system as quickly as possible. Not only will the instructor find it necessary to use script when writing on the board in the classroom, but the student himself also will find it expedient to use script when doing certain of the exercises. Pronunciation also should be mastered as early as possible. In this regard I have found it painless and extremely useful to read aloud, "in chorus," the vocabulary of each new lesson as well as the translation exercises. If the student desires more pronunciation practice than classroom time allows, additional materials are usually available in most language laboratories.

The number of vocabulary items has been kept at a minimum (around 500), and numerous Western cognates, so much a part of contemporary Russian, have been used to facilitate the process of quickly acquiring a vocabulary adequate for the presentation of the grammar. In spite of the limited vocabulary, however, most of the basic inflectional and derivational forms are represented.

As this text has slowly taken its present shape, I have become convinced that a few exercises which require the generation of grammatical forms are useful. Exercises of this type help to reinforce correct identification of declensional and conjugational forms which is vital to accurate translation.

Depending on the amount of time a student can devote to learning to read Russian, the instructor may find it beneficial to supplement the materials of the text with additional exercises as well as additional reading materials from newspapers, magazines, encyclopedias and so forth.

In many instances rules for formation rather than simply recognition rules have been given in the belief that formation rules, even in a reading course which requires passive command of the language, can help the student solve his own problems when the going gets rough (especially when a multi-volume Russian-Russian dictionary is not at his beck and call).

Perhaps the information on Russian word formation would have been more helpful if it had been spread throughout the body of the text itself. It is on this note that I decided to end, however, having found it most satisfactory to cope with this information during the second semester. It is a very profitable way of giving the student a rest between translations.

Beginning with Lesson X the student will need to learn to use a Russian-English dictionary. Two available dictionaries that have proven to be more than adequate are B.A. Lapidus and S.V. Shevtsova, *The Learner's Russian-English Dictionary* (Cambridge, Mass., 1973), which is available in a paperback edition, and A.I. Smirnickij, *Russian-English Dictionary* (Moscow, any edition).

I have found that almost any reading materials can be used during the second semester, provided that they are adequately glossed to reduce the frustration involved in looking up vocabulary. And as time goes on, the number of words that it is necessary to gloss will decrease to the extent that the readings are supplemented with a systematic treatment of a study of Russian roots and word formation.

Russian for Reading is only a beginning. The "essentials" for reading are given, but they must also be put into practice. A few brief reading passages consisting of continuous prose have been included in the final chapters. These are only a springboard, however. In order for a reading course to be truly successful, it must begin to cater to the specific needs of the individual student sometime shortly before or after the "essentials" of reading have been covered and a minimum amount of practice in reading has been given. For this reason the reading selections in the text are few, for reading materials must change to reflect the needs of each individual class.

I wish to thank the many students of Russian at Brown University for their patience with the many "preliminary" texts that have been forced upon them. They have all played so very important and knowledgeable a role in the evolution of this, the latest edition. I also am indebted to the many colleagues and friends, special people indeed, who have read the manuscript at one stage or another over the years and offered not only valuable criticism but also inexhaustible support and encouragement. To Dr. Nina Perlina

go special thanks. Great appreciation is also due to
the Department of Slavic Languages and Literatures of
Brown University, which has allowed me to experiment
to my heart's content. But to Cornelia Lanou I owe
the greatest debt of all.

                                          Patricia Arant
                                        September 1979

INTRODUCTION

Russian is one of the Slavic languages, which comprise a major branch of the Indo-European family of languages, of which English is also a part. In much the same way that English is related to Swedish and German, Russian is closely related to Ukrainian and Byelorussian, which along with Russian belong to the East Slavic group. Russian is also closely, though more distantly, related to Polish, Czech and Slovak, which belong to the West Slavic group, and to Serbocroatian, Slovene, Macedonian and Bulgarian, which belong to the South Slavic group.

Russian is written in the Cyrillic alphabet, which was named in honor of Saint Cyril, a Byzantine missionary who was born in Salonika in the 9th century. The modern Cyrillic alphabet is an adaptation of an alphabet which was used as early as the 10th century to translate primarily ecclesiastical works into Church Slavonic, a language elaborated in the 9th century by Saint Cyril and his brother Saint Methodius from a South Slavic Bulgaro-Macedonian dialect. Church Slavonic subsequently spread throughout the majority of the Slavic lands, including Russia, and was not only their first ecclesiastical language but their first written language as well. By the 19th century, the Russian vernacular, which prior to this time existed primarily as a spoken language, became the standard literary language of the Russians. Certain elements of the Church Slavonic language, however, continue to exist as vital components of modern Russian in much the same way that certain elements of Latin exist as essential components of English. This dual Slavic source of Russian words is important for recognizing related roots in Russian prose and poetry.

INTRODUCTION

1. The alphabet

Printed form			Name of letter	Transcription	
Regular	Italic	Script		Specialists	Library of Congress
А а	*A a*	*А а*	а (a)	a	a
Б б	*Б б*	*Б б*	бэ (be)	b	b
В в	*В в*	*В в*	вэ (ve)	v	v
Г г	*Г г*	*Г г*	гэ (ge)	g	g
Д д	*Д д*	*Д g, д*	дэ (de)	d	d
Е е	*Е е*	*Е е*	е (je)	e	e
Ё ё[1]	*Ё ё*	*Ё ё*	ё (jo)	e	ë
Ж ж	*Ж ж*	*Ж ж*	же (že)	ž	zh
З з	*З з*	*З з*	зэ (ze)	z	z
И и	*И и*	*И и*	и (i)	i	i
Й й	*Й й*	*Й й*	{и крат-кое (short i)}	j	i
К к	*К к*	*К к*	ка (ka)	k	k
Л л	*Л л*	*Л л*	эль (el')	l	l
М м	*М м*	*М м*	эм (em)	m	m
Н н	*Н н*	*Н н*	эн (en)	n	n
О о	*О о*	*О о*	о (o)	o	o
П п	*П п*	*П п*	пэ (pe)	p	p
Р р	*Р р*	*Р р*	эр (er)	r	r
С с	*С с*	*С с*	эс (es)	s	s
Т т	*Т т*	*Т т, т*	тэ (te)	t	t
У у	*У у*	*У у*	у (u)	u	u
Ф ф	*Ф ф*	*Ф ф*	эф (ef)	f	f

INTRODUCTION

Printed form			Name of letter	Transcription	
Regular	Italic	Script		Specialists	Library of Congress
Х х	*Х х*	*Х х*	ха (*xa*)	x	kh
Ц ц	*Ц ц*	*Ц ц*	цэ (*ce*)	c	t͡s
Ч ч	*Ч ч*	*Ч ч*	че (*če*)	č	ch
Ш ш	*Ш ш*	*Ш ш*	ша (*ša*)	š	sh
Щ щ	*Щ щ*	*Щ щ*	ща (*šča*)	šč	shch
ъ[2]	*ъ*	*ъ*	твёрдый знак (*hard sign*)	"	"
ы	*ы*	*ы*	еры́ (*jirɨ*)	y	y
ь	*ь*	*ь*	мягкий знак (*soft sign*)	'	'
Э э	*Э э*	*Э э*	э (*e*)	è	é
Ю ю	*Ю ю*	*Ю ю*	ю (*ju*)	ju	i͡u
Я я	*Я я*	*Я я*	я (*ja*)	ja	i͡a

Additional letters

Before the spelling reform of 1917 the alphabet included four additional letters which, in most instances, were replaced by one of the letters designated as "modern equivalent":

				Modern equivalent	
I i	*I i*		и с то́чкой (*i with dot*)	И и	
ѣ ѣ	*ѣ ѣ*		ять (*jat'*)	Е е	
Ѳ ѳ	*Ѳ ѳ*		фита́ (*theta*)	Ф ф	
ѵ ѵ			и́жица (*ižica*)	И и	

See also "A Note on the Old Orthography (pre-1917)," pp. 188-189.

2. Stress

Most Russian words contain a single stressed syllable, as do most English words. Pronunciation of unstressed vowels is reduced, that is, pronounced less clearly (see pp. 15 and 16). Take for example English "America" (ə-měr'ə-kə). There is a strong contrast between the pronunciation of the stressed vowel and the unstressed ones. The "e" of the second syllable is stressed, and the pronunciation of the other vowels is reduced.

The position of the Russian word stress in this text will be indicated with a printed accent: да́, го́род, дива́н, хорошо́. The stress may vary in different forms of the same word: сто́л, стола́ (nominative and genitive singular of "table"); or in words formed from the same root: Аме́рика, америка́нский (America, American). Compare English "economics," "economize;" "tabulate," "tabulation." Only dictionaries and texts for students who are beginning Russian normally indicate word stress. Otherwise stress is marked in ambiguous cases only by an acute (´) or a grave (`) accent: e.g. что́ or что̀ *what* versus что *that.* The stress may also be indicated for "unfamiliar" words or proper names, as well as for unusually accented words in lines of verse.

3. Basic Russian sounds and their spellings

A. Vowels

Russian has two sets of symbols to spell the five vowel phonemes *a, e, i, o* and *u*. One set of vowel letters is called "hard," the other "soft" (see paragraph B "Consonants"):

	a	*e*	*i*	*o*	*u*
HARD	а	э	ы	о	у
SOFT	я	е	и	ё	ю

A "hard" vowel letter represents the vowel only. If it immediately follows one of the paired consonant letters it indicates that the consonant is "hard." Here are the approximate sounds of these letters under stress:

а	a	(f*a*ther)
э	e	(g*e*t)
ы	i	(gr*i*t)

о	o	(*o*r)
у	u	(t*oo*t)

A "soft" vowel letter has several different functions. If it follows one of the paired consonant letters it indicates that the preceding consonant is "soft." If it occurs after a vowel letter, or after ъ or ь, the "soft" vowel letter represents "j" ("jot") plus the vowel *a, e, i, o* or *u*. In initial position the "soft" vowel letters я, е, ё, ю (but not и) also represent "j" plus the vowel *a, e, o* or *u*. Here are the approximate sounds of the "soft" vowel letters under stress:

я	ja	(*y*acht)
е	je	(*y*et)
и	i	(m*ee*t)
ё³	jo	(*y*ore)
ю	ju	(*u*nion)

always stressed → ё³

In unstressed position the pronunciation of these "hard" and "soft" vowels usually is reduced. What follows is a rather simplified description of this phenomenon.

1. unstressed *a* and *o* are pronounced "a" as in f*a*ther in initial position or in the syllable that immediately precedes the stressed syllable, and in other positions it is reduced to "ə"⁴ (cf. the final vowel sound of "sof*a*"):

   "a" { абсу́рд
аппара́т
офице́р
солда́т }   "ə" { ма́ма
капита́л
а́втор
колониа́л }

   хорошо́ (xərašó)
   Ломоно́сов (Ləmanósəf⁵)

   Exceptions: *a* following a non-paired soft consonant letter (p. 17) is pronounced "i" (cf. m*ee*t): e.g. часы

2. unstressed *e* and *я* are pronounced "ə" in certain grammatical endings, and "i" (cf. m*ee*t) in most other instances:

"э" { ваше
нóвое
Вáня
здáния }   "i" { метрó
харáктер
ядрó
пóнял }

3. unstressed я, и, у, ю and э are normally pronounced as they are when stressed: e.g. былá, никтó, скáжут, мóю, эквáтор.

4. unstressed e and stressed or unstressed и following a non-paired hard consonant letter (p. 17) are pronounced as ы: e.g. женá, живу́.

B. Consonants

Russian consonant letters can be described as being either "hard" ("non-palatalized") or "soft" ("palatalized"). A "soft" or "palatalized" consonant combines the articulation of the "hard" or "non-palatalized" consonant with a palatal articulation, that is, the tongue is arched toward the palate, the roof of the mouth. The writing system, however, has only one set of letters to represent these two significantly different sounds; that is, most of these letters are used to represent both the "hard" and "soft" consonant sound. Consonant letters of this type can be described as being "paired" with regard to "hardness" and "softness." A few consonant letters, on the other hand, represent only a "hard" or "soft" consonant sound. These can be described as being "unpaired." The "unpaired" letters are ж, ц and ш, which are "hard" only; and й, ч and щ, which are only "soft."

The basic consonants and their approximate sounds are summarized below.

Paired consonant letters: hard (non-palatalized) vs. soft (palatalized)

	Hard	Soft
Б	*b*oot	re*b*uke
В	*v*ow	*v*iew
Г	*g*o	ar*g*ue
Д	tongue against front teeth	*d*ew[6]
З	*z*one	re*z*ume[6]
К	s*k*ull	s*k*ew
Л	craw*l*	bil*l*ion

М	*m*oo	*m*ew
Н	tongue against front teeth	opi*n*ion
П	s*p*ark	*p*ew
Р	trilled	trilled
С	*s*on	*s*ue[6]
Т	tongue against front teeth	as*t*ute
Ф	*f*oot	*f*uel
Х	Ba*ch*	*h*uge

Non-paired consonant letters

Hard—non-palatalized

Ж	mea*s*ure
Ц	prin*ts*
Ш	*s*hoot

Soft—palatalized

Й[7]	*y*et
Ч	*c*heek
Щ	plu*sh ch*air

Signs

Ь	soft sign
Ъ	hard sign

Consonant letters can also be described as "voiced" or "voiceless." "Voiced" consonants are those which are made with vibration of the vocal cords (e.g. "b", "d", etc.). "Voiceless" consonants are made without vibration of the vocal cords (e.g. "p", "t", etc.). Certain consonant letters can be "paired" with regard to "voiced" and "voiceless":

voiced	*voiceless*
б "b"	п "p"
в "v"	ф "f"
д "d"	т "t"

voiced		*voiceless*	
з	"z"	с	"s"
ж	"zh" (as in *measure*)	ш	"sh"
г	"g" (as in *go*)	к	"k"

The following general pronunciation rules apply to the "paired" consonant letters listed above.

1) When a "voiced" consonant letter occurs at the end of a word, it is pronounced "voiceless"; that is, "b" → "p", "v" → "f", "d" → "t", "z" → "s", "zh" → "sh", "g" → "k":

ра́б	(pronounced ра́п)	мо́г	(pronounced мо́к)
но́в	(pronounced но́ф)	глу́бь	(pronounced глу́пь)
са́д	(pronounced са́т)	кро́вь	(pronounced кро́фь)
ра́з	(pronounced ра́с)	бу́дь	(pronounced бу́ть)
му́ж	(pronounced му́ш)	скво́зь	(pronounced скво́сь)

2) When a "voiced" or "voiceless" consonant letter occurs in a consonant cluster consisting of "paired" letters, the final "voiced" or "voiceless" consonant of the "paired" consonant cluster determines whether the entire cluster of consonants is pronounced "voiced" or "voiceless" (exception: "voiceless" consonants before в remain "voiceless").[8]

сда́л	(pronounced зда́л)
вста́л	(pronounced фста́л)
отве́т	(т before в remains voiceless)

C. Signs

    1. The "soft sign" ь

        i. In word-final position, if ь is written after one of the consonant letters "paired" with regard to "hardness" or "softness," it indicates that the consonant is "soft;" e.g. ро́ль *role*.
        If written after a consonant letter which is "non-paired" with regard to "hardness" or "softness" the soft sign has no phonetic value (that is, it is silent; like the "e" in the English word *like* it is not pronounced but it may give other information about the word.)
        For example the 2nd person sg. verbal end-

INTRODUCTION

ing -шь; the final letter of imperative stems ending in ш, ж and ч: éшь *eat*; as well as certain infinitive verbal forms: e.g. мóчь *be able*.

If a noun ends in a "non-paired" consonant letter plus soft sign this indicates a feminine noun with a "zero" suffix: нóчь *night*.

ii. In non-final position, before a "soft" vowel letter (i.e. я, е, ё, ю) ь represents the consonant "j" plus vowel: статья́ *article*, шьёт *he sews*. It separates the "j" of the "soft" vowel letter from the preceding consonant.⁹

2. The "hard sign" ъ

The "hard sign" is rare. It separates a prefix ending in a consonant from a root which begins with a "j" (е, ё, ю, я): съéсть *eat* (cf. сéсть *to sit down*). ъ also occurs in a few foreign words: субъéкт *subject*.

Pronunciation practice

Practice pronouncing the following (* indicates incompatible consonant-vowel combinations; see the spelling rules on p. 172):

1) paired (hard vs. soft) consonant letters in combination with "hard" and "soft" vowel letters:

```
ба, бо, бу, бэ, бы : бя, бё, бю, бе, би
ва, во, ву, вэ, вы : вя, вё, вю, ве, ви
га, го, гу, гэ,  *  :  *, гё,  *, ге, ги
да, до, ду, дэ, ды : дя, дё, дю, де, ди
за, зо, зу, зэ, зы : зя, зё, зю, зе, зи
ка, ко, ку, кэ,  *  :  *, кё,  *, ке, ки
ла, ло, лу, лэ, лы : ля, лё, лю, ле, ли
ма, мо, му, мэ, мы : мя, мё, мю, ме, ми
на, но, ну, нэ, ны : ня, нё, ню, не, ни
па, по, пу, пэ, пы : пя, пё, пю, пе, пи
ра, ро, ру, рэ, ры : ря, рё, рю, ре, ри
са, со, су, сэ, сы : ся, сё, сю, се, си
та, то, ту, тэ, ты : тя, тё, тю, те, ти
фа, фо, фу, фэ, фы : фя, фё, фю, фе, фи
ха, хо, ху, хэ,  *  :  *, хё,  *, хе, хи
```

2) non-paired (*only* hard or *only* soft) consonant letters in combination with "hard" and "soft" vowel letters (note that if a "soft" vowel letter is written after a non-paired "hard" consonant letter, the consonant sound is "hard" nevertheless; and likewise, if a "hard" vowel letter is written after a non-paired "soft" consonant letter, the consonant sound is "soft").

   a) hard

      жа, жо, жу, жэ, * : *, жё, *, же, жи
      ца, цо, цу, цэ, цы : *, цё, *, це, ци
      ша, шо, шу, шэ, * : *, шё, *, ше, ши

   b) soft

      й (see c below)
      ча, чо, чу, чэ, * : *, чё, *, че, чи
      ща, що, щу, щэ, * : *, щё, *, ще, щи

   c) й occurs mostly at the end of words:

      ча́й, мо́й, ду́й, са́мый, е́й, ки́й, статьёй, дю́йм, я́йца

3) signs

   a) soft sign ь (a soft sign after a non-paired "hard" or "soft" consonant has no effect on the pronunciation of the consonant):

      i. soft sign not before vowel:

         ста́ль, си́нь, да́ть, письмо́, се́сть, е́шь, но́чь;

      ii. soft sign before "soft" vowel letters (я, е, ё, ю, и):

         пья́н, карье́р, житьё, вьюн, но́чью, семьи́, чьи;

   b) hard sign ъ (separates "hard" consonants from "soft" vowels я, е, ё, ю):

      отъе́зд, объе́кт, субъе́кт, изъя́н, съе́зд, подъём, съе́сть, разъе́сть

3. Cases and their basic functions

    The case of a noun, pronoun or adjective defines the relationship of the word to other words in the sentence.
    Russian usually is considered to have six cases: nominative, accusative, genitive, dative, instrumental and prepositional. The Russian word or phrase in

INTRODUCTION 21

the following examples is in the case indicated. The underlined English word or phrase has a corresponding function within the English sentence.

CASE	RUSSIAN	ENGLISH
NOMINATIVE	Иван читал.	John read.
ACCUSATIVE	Иван читал книгу.	John read the book.
GENITIVE	Иван читал книгу Веры.	John read the book of Vera/Vera's book.
DATIVE	Иван читал книгу Веры Владимиру.	John read Vera's book to Vladimir.
INSTRUMENTAL	Громким голосом Иван читал книгу Веры Владмиру.	In a loud voice John read Vera's book to Vladimir.
PREPOSITIONAL	Громким голосом Иван читал книгу Веры Владимиру в самолёте.	In a loud voice John read Vera's book to Vladimir in the airplane.

5. Alphabet and pronunciation practice I

Practice reading and pronouncing the following words. Note that the Russian and English spellings are similar.

А	áтом (atom) Амéрика (America)		И	интегрáл (integral) идиóт (idiot)
Б	бáнк (bank) бóмба (bomb)		Й	Йóркшир (Yorkshire) йом-кипýр (Yom Kippur)
В	вандáл (vandal) вóдка (vodka)		К	кóфе (coffee) капиталúст (capitalist)
Г	гáмма (gamma) грáмм (gram)		Л	Лóндон (London) литератýра (literature)
Д	дивáн (divan, sofa) дивидéнд (dividend)		М	момéнт (moment) мúнимум (minimum)
Е	Éва (Eva, Eve) éвнух (eunuch)		Н	нóрма (norm) нóс (nose)
Ж	журнáл (journal) жаргóн (jargon)		О	óпера (opera) óрган (organ)
З	зóна (zone) зооморфúзм (zoomorphism)			

22 INTRODUCTION

П	пери́од (period) па́спорт (passport)	Ш	шéф (chef) шери́ф (sheriff)
Р	ра́дио (radio) ра́диус (radius)	Щ	бóрщ (borscht) това́рищ (tovarisch — comrade)
С	спóрт (sport) студéнт (student)	ъ	объéкт (object) субъéкт (subject)
Т	та́нк (tank) тóрт (torte)	Ы	цыга́н (gypsy; cf. German Zigeuner)
У	у́рна (urn) Уругва́й (Uruguay)	Ь	компаньóн (companion) Нью Джéрси (New Jersey)
Ф	фа́кт (fact) фрóнт (front)	Э	элемéнт (element) экспéрт (expert)
Х	хара́ктер (character) ха́ ха́ (ha ha!)	Ю	Югосла́вия (Yugoslavia) ю́мор (humor)
Ц	цемéнт (cement) цéнтр (center)	Я	я́рд (yard) я́хта (yacht)
Ч	чéк (check) Чи́ли (Chile)		

As can be seen in the above examples, the Russian spelling of most foreign borrowings either tries to copy letter-for-letter the foreign spelling or to approximate the foreign pronunciation. Practice reading and pronouncing the following:

проду́кт	орке́стр	асфа́льт
арти́ст	миллиóн	джа́з
материа́л	институ́т	теа́тр
эскала́тор	фа́ктор	диктофóн
шéф	телефóн	тра́ктор
ма́тч	коммуни́ст	Óскар Уа́йльд
контине́нт	сигна́л	Ва́льтер Скóтт
те́кст	концéрт	джéнтльмен
кла́сс	Шекспи́р	Нью-Йóрк та́ймс
дóктор	кри́тик	Уóлл-стри́т джóрнэл

6. Correspondences

A number of Russian and English words are based on the same Greek and Latin roots. Note especially how Russian and English treat certain Greek and Latin letters.

INTRODUCTION

Russian	English	
ав	au	а́вгуст (August); авто́граф (autograph)
ев	eu	евфони́я (euphony); невроло́гия (neurology)
кв	qu	кво́рум (quorum); аква́риум (aquarium)
к	c	кана́л (canal); карнава́л (carnival)
в	w	вино́ (wine); во́ск (wax)
г	h	гидро́метр (hydrometer); ги́мн (hymn)
х	ch	химе́ра (chimera); арха́нгел (archangel)
ф	ph	филоло́гия (philology); метаморфо́за (metamorphosis)
т	th	термоста́т (thermostat); патоло́гия (pathology)
и	y	гие́на (hyena); ми́стик (mystic)

7. Alphabet and pronunciation practice II

да́	ца́рь	э́то	у́тро
го́д	кто́	за́втра	числ́о
Бо́г	где́	и́ли	когда́
не́т	сто́	коне́ц	да́же
бы́ть	три́	луна́	ле́то
та́м	ча́й	пора́	глава́
ми́р	дру́г	ма́ло	до́лго
ра́з	кра́й	она́	язы́к
но́	сне́г	сло́во	кни́га
до́м	бра́т	е́сли	костю́м
та́к	бра́ть	дя́дя	ла́мпа
ка́к	е́сть	куда́	уро́к
са́м	зде́сь	ещё	ча́шка
во́т	до́ждь	ме́сто	сою́з
жи́ть	те́кст	оте́ц	сове́т
са́д	встать	жена́	шко́ла
сы́н	взя́ть	мо́ре	не́мец
ро́ль	вдру́г	э́ти	мно́го
сто́л	шта́т	лю́ди	статья́
ве́сь	вода́	ме́сяц	по́езд
де́нь	де́ло	пото́м	музе́й
ва́ш	го́лос	зима́	пра́вда
чём	давно́	они́	мо́жно
му́ж	го́род	пока́	письмо́
ча́с	де́ти	сюда́	журна́л

NOTES

1. Both e and ё are variants of the same letter. In dictionaries ё is alphabetized together with e. In a text other than a dictionary the diacritical mark (¨) normally is printed only in cases where ambiguity might result: e.g. всё (neuter sg. nom. and acc. form of весь *all*) versus все (pl. nom. and non-anim. acc. form of весь).

2. In printed texts the "hard sign" occasionally has been replaced by an apostrophe: e.g. объяснять or об'яснять *explain*.

3. This letter is always stressed.

4. Phoneticians call this sound, and the letter representing it, *schwa* or *shva*.

5. See pp. 17-18 for "devoicing" of certain final consonants.

6. Palatalized in many U.S. dialects.

7. Before a consonant or in word-final position, as well as in certain foreign borrowings, the consonant letter й represents a "j" (jot): английский *English*, гений *genius*, Нью-Йорк *New York*.

8. The occurrence in a cluster of a "non-paired" consonant letter will interrupt this regressive influence.

9. In these words the "j" is heard between the consonant and the vowel.

LESSON I

GRAMMAR

1.1 Articles

Definite and indefinite articles (the, a, an) must be supplied in the English translation as corresponding forms in Russian do not exist. The context will usually determine whether English requires an article: ге́ний can mean a genius, the genius, or simply genius.

1.2 The verb "be"

In the present tense the verb "be" usually is not expressed.[1] Thus, the absence of a verb from a sentence generally signals the present tense of "be." In writing, the present tense of this verb is sometimes indicated by a dash:

    Письмо́ та́м.

        or   The letter is there.

    Письмо́ — та́м.

There are, however, explicit past and future forms for this verb, which we shall see later.

Note that е́сть (historically the third person singular of "be") is used in certain constructions to express the present tense of this verb. It most frequently occurs in general statements of existence, in definitions and lists, and in emphatic statements usually with и:

Та́м е́сть сто́л.	There is a table over there.
Зде́сь е́сть кни́га, газе́та и журна́л.	There's a book, newspaper and journal here.
Я́ и е́сть до́ктор!	I <u>am</u> the doctor!

1.3 Nouns

The Russian noun is distinguished by one of three genders: masculine, neuter and feminine (abbreviated m., n., and f.). There is no necessary relationship, however, between the grammatical gender of a noun and its meaning. In addition to gender the Russian noun is characterized by number: singular and plural. The Russian noun is also marked by case, that is, special endings which indicate the grammatical function of the word in the sentence. Russian is usually considered to have six cases: nominative, accusative, genitive, prepositional (locative), dative and instrumental. See pp. 20 and 21 of the Introduction.

1.4   The nominative case of nouns

In Russian the nominative case of a noun indicates the grammatical subject of a sentence, or a predicate noun. It is the form in which nouns appear in vocabulary lists and dictionaries.

Где *институ́т* и *университе́т?*	Where are the institute and the university?
Письмо́ здесь.	The letter is here.
Студе́нт и *писа́тельница* там.	The student (m.) and writer (f.) are there.

Nouns in the nominative case, singular, can be described as follows:

a) Masculine nouns normally end in a hard consonant letter, or a soft consonant letter which is indicated by a soft sign -ь if the preceding consonant letter is of the paired type; thus, absence of a vowel letter in the nominative singular (a "zero" ending) normally indicates that a noun is masculine in gender:

стол	борщ *borscht*[2]	ге́ний
банк	писа́тель	музе́й
	слова́рь	

b) Neuter nouns normally end in the letter -o if the preceding consonant is hard, or in -e (written ё if under stress) in other instances:

письмо́	мо́ре	сырьё *raw materials*
сло́во	зда́ние	

A small group of neuter nouns ends in -мя:

вре́мя

Nouns in this group will be discussed in Lesson IX.

c) Most feminine nouns end in the letter -a if the preceding consonant is hard, -ч or -щ (see the spelling rules on p. 172), or in -я in most other instances. A small group of feminine nouns, however, ends in a soft sign -ь, a "zero" ending, indicating

1.4

usually a preceding soft consonant[3] (feminine nouns which end in -ь will be specifically labeled in the vocabularies, e.g. ро́ль f., to distinguish them from masculine nouns which end in -ь, the gender of which will not be labeled):

    газе́та   дере́вня   ро́ль f.
    кни́га   исто́рия
    да́ча (*summer*)
        cottage

Nouns also can be described in terms of the stem, i.e. the word minus any ending. A noun stem is either hard or soft. Since the gender suffix is "zero" (∅) for masculine nouns, hardness is indicated by a word-final hard consonant letter, and softness by a word-final soft consonant letter (indicated by a soft sign -ь if the preceding consonant letter is of the paired type). The final hard or soft vowel letter of neuter and feminine nouns indicates whether the noun stem is hard or soft. The stem of most feminine nouns ending in -ь is soft.

Gender	Stem	Suffix	Nominative Case
Masc.	hard	"zero"	сто́л
	soft	"zero"	бо́рщ, писа́тель, ге́ний
Neut.	hard	о	письмо́
	soft	е (ё)	мо́ре, зда́ние, сырьё́
Fem.	hard	а	газе́та
	soft	я	дере́вня, исто́рия
		"zero"	ро́ль

1.5 Adjectives

The Russian adjective agrees in gender, number and case with the word that it modifies. It has no inherent gender of its own. The dictionary form of the adjective, however, will appear with the masculine nominative singular ending.

The adjective when used attributively usually precedes the word that it modifies.

    Но́вый сто́л та́м.   The new table is there.
    Где́ *интере́сная* кни́га?   Where is the interesting
                                       book?

The adjective is also used predicatively:

Этот го́род *интере́сный*.   That city is interesting (i.e. an interesting city/an interesting one).

Occasionally adjectival forms will function syntactically as nouns:

Во́т э́та *ру́сская*!   There's that Russian (woman)!

The gender of such an adjective is determined by an implied noun. Compare in English "That's a nice red (color) she's wearing today."

1.6 The nominative case of adjectives

Adjectives in the nominative case, singular, normally can be described as follows:

a) Masculine hard-stem adjectives end in -ый when stress is on the stem and -о́й when stress is on the ending; soft-stem masculine adjectives end in -ий:

но́вый   дре́вний
молодо́й

b) Neuter hard-stem adjectives end in -ое; soft-stem neuter adjectives end in -ее:

но́вое   дре́внее
молодо́е

c) Feminine hard-stem adjectives end in -ая; soft-stem feminine adjectives end in -яя:

но́вая   дре́вняя
молода́я

Gender	Stem	Suffix	Nominative Case
Masc.	hard	ый (о́й)	но́вый, молодо́й
	soft	ий	дре́вний
Neut.	hard	ое	но́вое, молодо́е
	soft	ее	дре́внее
Fem.	hard	ая	но́вая, молода́я
	soft	яя	дре́вняя

Most adjectival stems end in hard consonants; a relatively small group ends in soft consonants. The first vowel letter of the ending will normally indicate whether the stem is hard or soft.

Adjectives with stems in г-, к- and х- or ж-, ч-, ш- and щ- occasionally deviate from the general description above because their grammatical endings under certain circumstances are affected by the spelling rules on p. 172: for example, in spite of the fact that the adjectives with stems ending in г-, к- and х- as well as those with stems ending in ж- and ш- are hard-stem adjectives, the masculine nominative singular ending, if unstressed, is -ий, e.g. рýсский. Note, however, that the neuter and feminine nominative endings may not be affected by these rules, e.g. рýсское, рýсская.

Certain other case endings also are affected by these spelling rules as shall be seen later.

1.7 The demonstrative pronoun э́тот m., э́то n., э́та f.

The demonstrative pronoun, like the adjective, has characteristic forms to agree in gender, number and case with the word which it modifies or refers to: э́тот стóл (this/that table), э́то письмó (this/that letter), э́та кни́га (this/that book).

| Где́ э́тот рýсский студе́нт? | Where is that Russian student? |
| Э́та газе́та интере́сная. | This newspaper is interesting. |

1.8 The indefinite demonstrative pronoun э́то

The neuter singular form of the pronoun э́то also can be used as an indefinite demonstrative. It is used when referring to something — singular or plural — that has not yet been defined. In this function the neuter singular form is immediately followed by the verb "be" (present, past or future form), and is best translated "this (that) is, will be, was; these (those) are, will be, were;" or "is this (that), will this (that) be, was this (that); are these (those), will these (those) be, were these (those)." Since only the present tense of the verb "be" has been discussed (§2) the examples below will be limited to this tense.

| Э́то студе́нт. | This (that) is a student. |

Э́то газе́та? Is this (that) a newspaper?

Э́то журна́л и письмо́. These (those) are a magazine and a letter.

1.9 Third person personal pronouns óн m., онó n., oнá f.; они́ pl.

When a 3rd person personal pronoun refers to a singular noun (or an adjective that functions as a noun) the pronoun reflects the gender of the noun (or adjective) referred to. The 3rd person personal pronoun reflects only number if more than one noun or adjective functioning as a noun is referred to.

e.g. журна́л = óн
письмо́ = онó
раке́та = oнá
журна́л и письмо́ = они́

Since the third person personal pronouns in the above examples refer to inanimate nouns, they would normally be translated in English as 'it' or 'they':

e.g. Где́ журна́л? Óн зде́сь.
Where is the journal? It is here.

Где́ письмо́? Во́т онó!
Where is the letter? Here it is!

Где́ раке́та? Oнá тáм.
Where is the rocket? It is there.

Где́ журна́л и письмо́? Во́т они́!
Where is the journal and the letter? Here they are!

But

Где́ Ива́н? Во́т óн!
Where is John? Here he is!

Где́ А́нна? Oнá тáм.
Where is Anna? She is there.

1.10 Conjunctions и, а and нó

The conjunction и (and) represents a neutral conjoining of words, phrases or sentences: Во́т письмо́ и кни́га. (Here is a letter and a book), Где́ газе́та и журна́л? (Where are the newspaper and magazine?).

The conjunction а (and, but, on the other hand) indicates that what follows is contrasted with what precedes it or it can indicate a weak contradiction:

Óн здéсь, а oнá тáм. (He is here, and/but she is there), Óн дóктор, а oнá студéнтка. (He is a doctor and she is a student).

The conjunction нó (but, however) marks what follows as unexpected, as a stronger contradiction: Óн студéнт, нó oнá дóктор. (He is a student, but/however she is a doctor).

1.11 Questions without interrogative words: word order

If a Russian question does not contain an interrogative word (гдé where, чтó what, etc.) the word order is normally the same as that of a declarative sentence. Compare:

Молодóй студéнт тáм.	The young student is there.
Молодóй студéнт тáм?	Is the young student there?
Э́то здáние — нóвый институ́т.	This building is the new institute.
Э́то здáние — нóвый институ́т?	Is this building the new institute?
Э́то дóм.	This is a house.
Э́то дóм?	Is this a house?

1.12 Spelling rules

The spelling rules already referred to in this chapter (see Appendix p. 172) will help explain consonant-vowel combinations that deviate from the usual combination of hard vowel letters with hard consonant letters and soft vowel letters with soft consonant letters. These rules will affect a variety of words throughout this text. They should be referred to frequently. These rules affect vowel letters that follow the velar letters г, к and х, and the sibilants ж, ц, ч, ш and щ.

NOTES

1. We can also say that the present tense of the verb "be" usually is expressed by the "zero" form of the verb.
2. Words which are not included or have not yet appeared in the vocabularies will be italicized.
3. Exception: If the preceding letter is an unpaired hard consonant: мы́шь f. "mouse." Note that all nouns which end in

non-paired consonant letters plus "ь" are feminine.

EXERCISES

A. Russian-to-English translation practice

1. Это трудный текст. 2. Что это? Это дом. 3. Где газета и письмо? 4. Здесь студент или студентка? 5. Что это? Это море. 6. Москва не деревня, а город. 7. Здесь есть стол? Да, есть. 8. Вот эта новая деревня. 9. Что это? Это книга. 10. Древняя история интересная. 11. Это трудная роль? Да, трудная. 12. Первый спутник — русский. 13. Вот институт, но где университет? 14. Этот музей интересный? Да, он интересный. 15. Это здание музей? Нет, это банк. 16. Словарь здесь, а журнал там. 17. Где эта молодая писательница? Вот она. 18. Первое слово трудное? 19. Этот молодой гений профессор. 20. Древняя история интересная? 21. Это спутник или ракета? Это ракета. 22. Это время трудное? Нет, это не трудное время. 23. Где гений и писатель? Вот они. 24. Здесь есть письмо или книга? 25. Где доктор? Вот она!

B. 1. Match the following adjectives and nouns in grammatically correct pairs and translate.

   A. a. интересное   d. студент
      b. молодой   e. газета
      c. русская   f. письмо

   B. a. новый   d. деревня
      b. трудное   e. время
      c. русская   f. банк

   C. a. древнее   d. писательница
      b. новый   e. музей
      c. молодая   f. море

   D. a. первое   d. роль
      b. интересная   e. словарь
      c. новый   f. слово

   E. a. новое   d. история
      b. молодой   e. гений
      c. древняя   f. здание

2. Which of the words in each group is not like the others in the group? Take into consideration gender (m., n., f.), grammatical categories (noun,

pronoun, verb, adjective, adverb), hard vs. soft stems.

a.	слóво	онó	письмó
b.	пéрвая	деревня	молодáя
c.	словáрь	рóль	писáтель
d.	деревня	истóрия	врéмя
e.	гéний	дрéвний	трýдный
f.	студéнт	éсть	тéкст
g.	мóре	здáние	гдé
h.	пéрвое	дрéвнее	молодóе
i.	трýдный	рóль	книга

VOCABULARY

а	and, but
бáнк	bank
вóт	here, here is/are, there, there is/are (pointing)
врéмя n.	time
газéта	newspaper, gazette
гдé	where
гéний	genius
гóрод	city
дá	yes
деревня	village, country
дóктор	doctor
дóм	house, home, building
дрéвний	ancient
éсть	is, there is, there are (§2)
журнáл	journal, magazine
здáние	building (structure)
здéсь	here
и	and
или	or
институт	institute
интерéсный	interesting
истóрия	history, story
книга	book
молодóй	young
мóре	sea
Москвá	Moscow
музéй	museum
не (usually unstressed)	not
нéт	no; there is no(t)
нó	but, however
нóвый	new
óн m., онó n., онá f.; они pl.	he, it, she; they (§9)
пéрвый	first

писа́тель m.,
  писа́тельница f.¹   writer
письмо́   letter
профе́ссор   professor
раке́та   rocket
ро́ль f.   role, part
ру́сский   Russian
слова́рь   dictionary, vocabulary
сло́во   word
спу́тник   satellite
сто́л   table
студе́нт m.,
  студе́нтка f.¹   student
та́м   there
те́кст   text
тру́дный   difficult
университе́т   university
что́²   what
э́тот m., э́то n.,
  э́та f.   this, that (§7 and §8)

1. Some Russian nouns which refer to things that are animate have both masculine and feminine forms.
2. Pronounced што́.

LESSON II

GRAMMAR

2.1 The infinitive form of the verb

The infinitive of the verb is the form that is listed in Russian dictionaries. In English this form is usually translated "to ——."

In Russian there are three infinitive endings: -ть, -ти and -чь. Most infinitives end in -ть, for example работать "to work." The infinitive stem is the verbal form minus the ending: работа - ть.

2.2 The past tense form of the verb, the л form (vowel stems)

The past tense of a verb with an infinitive ending in -ть is usually formed by adding to the final vowel of the infinitive stem the suffix -л, plus masculine, neuter and feminine gender suffixes in the singular, and one generalized suffix for all genders in the plural:

Infinitive	Number	Gender	Suffix	л form	
читáть to read	SINGULAR	Masc.	∅	чита+л+∅	читáл
		Neut.	о	чита+л+а	читáло
		Fem.	а	чита+л+а	читáла
	PLURAL		и	чита+л+и	читáли

The л form agrees in gender and number with a singular subject and in number with a plural subject, but does not distinguish person (first, second or third). For example, the subject of писáл can be a masculine singular noun or a singular pronoun which refers to a masculine singular noun:

Студéнт (óн, я, ты́) писáл.   The student (he, I, you) wrote.

Likewise the subject of рабóтала can be a feminine singular noun or a singular pronoun which refers to a feminine singular noun:

Студéнтка (онá, я, ты́) рабóтала.   The student (she, I, you) worked.

The л form of the Russian verb expresses in most instances a variety of "past" situations in English and because of this may be translated in various ways, for example:

он работал { he worked, he has worked, he had worked, he did work, he was working, he used to work, etc.

Note that this single form is used to express the compound past tenses of English. Context will normally have to be considered to decide which tense form to use when translating from Russian into English.

2.3 The prepositional case

The function of the prepositional case in modern Russian is limited to serving as the object of one of five prepositions: о, в and на, as well as при and по which will be introduced later.[1]

о[2] — about, concerning

| Иван читал о *концерте*. | John read about the concert. |
| О *ком* он говорил? | Who was he talking about? |

в[3] — in, inside; at

| Иван читал это в *русской газете*. | John read that in the Russian newspaper. |
| Он студент в *этом советском университете*. | He is a student at that Soviet university. |

на — on; at, in

| Книга там на *столе*. | The book is there on the table. |
| Он работал на *этой фабрике?* | Did he work at that factory? |

Note that both в and на may be translated "in"/"at". В is used to express "in"/"at" with certain words, e.g. университет, while на is used with certain other words, e.g. фабрика. On the other hand either в or на is used in some situations, e.g. with автомобиль. You should be aware of this usage, but should not attempt to analyze it at this point.

2.4 The prepositional singular case endings of nouns

a) Most masculine, neuter and feminine nouns end in the suffix -е.
b) Feminine nouns with a "zero" ending (роль) and nouns of all three genders with stems

ending in и- (гéний, здáние, истóрия) have the suffix -и.

c) A limited number of masculine nouns have, in addition to the suffix -e, a special stressed suffix -у or -ю, depending on whether the stem is hard or soft. This stressed suffix occurs only after the prepositions в and на and indicates location.⁴

The spelling rules on p. 172 will explain any exceptions to this description.

Nominative case	Suffix	Prepositional case
M. стол писáтель музéй	e	столé писáтеле музéе
N. письмó мóре		письмé мóре
F. газéта деревня		газéте деревне
M. гéний N. здáние F. истóрия роль	и	гéнии здáнии истóрии рóли
M. сад край	ý - ю́	садý краю́

2.5 The prepositional singular case endings of adjectives

a) Masculine and neuter adjectives end in -ом if the stem is hard, or -ем if the stem is soft.

b) Feminine hard-stem adjectives end in -ой, and soft-stem adjectives end in -ей.

The spelling rules on p. 172 will explain any exceptions to this description.

Nominative case	Suffix	Prepositional case
M. но́вый молодо́й дре́вний N. но́вое молодо́е дре́внее	ом - ем	но́вом молодо́м дре́внем
F. но́вая молода́я дре́вняя	ой - ей	но́вой молодо́й дре́вней

2.6 The prepositional case forms and endings of pronouns

(a) The demonstrative pronouns э́тот, э́то, э́та (this) and то́т, то́, та́ (that); (b) the interrogative pronouns кто́ (who) and что́ (what); and (c) the third person masculine, neuter and feminine pronouns о́н, оно́, она́ all have prepositional endings similar to those of the adjectives:

Nominative case		Prepositional case
M. and N.	э́тот, э́то то́т, то́	э́том то́м
	кто́	ко́м
	что́	чём
	о́н, оно́	нём*
F.	э́та	э́той
	та́	то́й
	она́	не́й*

*The н- of the third person personal pronoun (нём, ней) is a prefix which signals that this form of the pronoun is the object of a preposition. Since the prepositional case in modern Russian never occurs without a preposition, this form of the pronoun will always appear with the н- prefix.

Note also the prepositional case of the first and second person personal pronouns, singular and plural:

	Nominative	Prepositional
sg.	я́ (I)	мне́
	ты́ (you, sg.)	тебе́
pl.	мы́ (we)	на́с
	вы́ (you, pl.)	ва́с

2.7 Particles же and и and other signals of emphasis or contrast

Emphasis or contrast of a word in Russian is frequently indicated by the particles же and и. This emphasis or contrast can be translated in several ways in English, for example, "even" ("also," "too," "as well"), "precisely" ("just," "indeed"), "the same" (же with certain types of pronouns, e.g. то́т же); "however," etc.

An important use of the particle же, sometimes shortened to ж, is to emphasize the word which it follows:

Она́ же та́м была́.	Even she was there. She also was there.
Мы́ жи́ли в то́м же го́роде.	We lived in the same town.

The particle и on the other hand is frequently used to emphasize the word which it precedes:

И она́ была́ та́м.	Even she was there. She was there too.

Another form of emphasis makes use of э́то. For example,

Э́то Бори́с рабо́тал на фа́брике.	It was Boris/Boris was the one who was working.

In a printed text italics or boldface type are used occasionally to show emphasis. A more frequent device, however, is that of separating the letters of the emphasized word or words by more than the usual amount of space:

Интере́сный го́род — М о с к в а́.	*Moscow* is an interesting city.

2.8 The particle ли

The interrogative particle ли is used occasionally in questions which expect a "yes" or "no" answer. The particle occurs after the word which is the focus of the question:

Понима́л ли о́н?	Did he *understand?*
Э́тот ли студе́нт рабо́-тал в институ́те?	Did *that* student work at the institute?

NOTES

1. We shall see later that certain prepositions are used with more than one case.

2. The preposition о has the form об before words beginning with the vowels а, э, о, у and и, that is, vowel letters that do not begin with a "jot" in initial position (see pp. 14 - 15): e.g. об э́том; and with обо in a few fixed phrases: e.g. обо мне́.

3. The preposition в has the form во before certain consonant clusters: e.g. во второ́м.

4. A similar situation occurs with the prepositions в and на indicating location in connection with a limited number of feminine nouns ending in -ь; namely, there is a special prepositional (locative) ending which ends in stressed -и́: e.g. сте́пь f. *steppe*, о сте́пи *about the steppe(s)*, but в степи́ *in the steppe(s)*.

EXERCISES

A. Russian-to-English translation practice.

1. Второ́й же те́кст о́чень тру́дный. 2. Рабо́тал на э́той фа́брике и я́. 3. О ко́м и́ли о чём Бори́с писа́л? О́н писа́л о бога́том америка́нце в Москве́. 4. Ива́н говори́л, что вы́ бы́ли на конце́рте и́ли в музе́е? 5. А́нна чита́ла в газе́те о то́м кра́е. Ты́ чита́л о нём? 6. Понима́ли ли вы́, когда́ бе́дная студе́нтка говори́ла об э́том? 7. Ты́ чита́ла о но́вой ру́сской кни́ге? Да́, я́ уже́ чита́ла о не́й. 8. А́втор писа́л о ва́с и́ли обо мне́? 9. Где́ молодо́й студе́нт тепе́рь? О́н в шко́ле и́ли уже́ до́ма? 10. О ко́м вы́ говори́ли? Я́ говори́л о нём, и о тебе́ и о не́й. 11. Ру́сская грамма́тика тру́дная? Не́т, она́ не о́чень тру́дная. 12. Автомоби́ль тепе́рь в музе́е, потому́ что о́н ста́рый. 13. Кто́ говори́л, что А́нна в саду́ и́ли в до́ме?[1] 14. Мы́ ча́сто чита́ли об э́том са́де в шко́ле. 15. В како́м журна́ле вы́ чита́ли о на́с? 16. Когда́ вы́ чита́ли в э́той газе́те о ру́сском спу́тнике? 17. Ива́н бы́л на собра́нии, а я́ была́ в рестора́не, но А́нна была́ до́ма. 18. Э́то мы́ бы́ли на собра́нии. 19. О чём же Ива́н писа́л? О́н ча́сто писа́л о ру́сском рома́не. 20. Почему́ кни́га о то́м кра́е была́ та́м же на столе́? 21. Бога́тый америка́нец рабо́тал тогда́ в го́роде Москве́ в институ́те. 22. Понима́ла ли америка́нка тогда́, когда́ сове́тский исто́рик говори́л о Сове́тском Сою́зе? 23. Почему́ до́ктор рабо́тал в то́м рестора́не? Потому́ что

он бедный? 24. Бедная! Она уже не понимала. 25. Борис, какой вы гений!

1. See 4.11 (pp. 65-66) regarding reported speech.

B. 1. Match the word in the left hand column with the grammatically agreeing word in the right hand column and translate.

    A. a. американка   d. роль
        b. трудная   e. писателе
        c. молодом   f. говорила

    B. a. автор   d. истории
        b. старый   e. писал
        c. древней   f. автомобиль

    C. a. интересное   d. ресторане
        b. мы   e. время
        c. новом   f. работали

    D. a. она   d. студент
        b. молодой   e. читала
        c. бедный   f. американке

    E. a. древнее   d. студентке
        b. молодой   e. слове
        c. первом   f. море

2. Which of the words in each group is not like the others in the group? Take into consideration gender (m., n., f.), grammatical categories (noun, pronoun, verb, adjective, adverb), case (nominative, prepositional).

A.	письмо	собрание	кто	слово
B.	работала	школа	читала	была
C.	стол	журнал	писал	автомобиль
D.	Россия	деревня	время	история
E.	музей	край	древней	гений
F.	слово	море	собрание	городе
G.	фабрика	дома	школа	газета
H.	гений	древний	советский	русский
I.	богатой	бедной	второй	старой

C. Complete each sentence by putting the words following the prepositions into the prepositional case. Translate.

1. Мы были в _____ { дом / школа / музей

2. Кто читал о _____ { советский институт / бедный гений / русский писатель

3. Анна работала в _____ { ресторан / деревня / город

4. Иван говорил о _____ { старое письмо / новое здание / то море

5. Мы были на _____ { собрание / концерт / фабрика

6. Студент писал о _____ { русская ракета / древняя история / молодая студентка

7. Мы часто читали о _____ { он / оно / она

VOCABULARY

автомобиль	automobile
автор	author
американец (-е),[1] американка	American
Анна	Anna
бедный	poor
богатый	rich
Борис	Boris
быть	be
в (+ prep.)	in, inside; at
второй	second
вы[2]	you pl.
говорить	talk, speak, say
грамматика	grammar
дома (adv.)	at home
же (emphatic particle)	§7
и (emphatic particle)	§7
Иван	Ivan
историк	historian

како́й	what kind of, which, what
когда́	when
конце́рт	concert
край (в/на краю́)	edge; region, land (§4)
кто[3]	who
ли (question particle) §8	
мы	we
на (+ prep.)	on; at, in
о (+ prep.)	about, concerning
о́чень	very, very much
писа́ть	write
понима́ть	understand
потому́ что	because
почему́	why
рабо́тать	work
рестора́н	restaurant
рома́н	novel
Росси́я	Russia
сад (в саду́)	garden (§4)
собра́ние	meeting
сове́тский	Soviet
сою́з	union
ста́рый	old
тепе́рь	now
тогда́	then, at that time
тот, то, та	that
тот же	the same (§7)
ты[4]	you sg.
уже́	already
уже́ не	no longer
фа́брика	factory
ча́сто	often
чита́ть	read
что[5]	that
шко́ла	school
я	I

1. The final vowel of the nominative singular masculine form does not appear elsewhere in the declension: e.g. prep. case америка́нце, gen. case америка́нца, etc. This vowel which is "unique" to the nominative singular has been indicated in the following way: (-e). The same type of notation will be used in the vocabulary to indicate this "unique" vowel in other nouns as well.
2. Вы, the plural form of the pronoun "you," is the customary polite form used to address one person, and the only form to address more than one person.
3. N.b. masculine in gender.
4. Ты, the singular form of the pronoun "you," is used when addressing children, relatives and close friends,

in addition to those considered to be socially inferior.
5. N.b. unstressed; cf. что́. Unstressed что is a connecting word. It has no other form.

LESSON III

GRAMMAR

3.1 Adverbs

Many Russian adverbs are formed from adjectives.
(a) The ending of a hard-stem adjective is replaced with -o; the ending of a soft-stem adjective normally is replaced with -e:

быстрый	быстро	quickly
хоро́ший	хорошо́	well, good
вну́тренний	вну́тренне	*inwardly*
Он *бы́стро* и *хорошо́* рабо́тал.		He worked quickly and well.

(b) The ending of a special group of hard-stem adjectives in ск- is replaced with -и:

истори́ческий	истори́чески	historically
Это *истори́чески* интере́сное зда́ние.		This is a historically interesting building.

In general, adverbs formed from adjectives which already have been listed in the vocabularies will not be given as separate lexical items.

3.2 The genitive case

The genitive case has a variety of functions. Some of its more frequent uses are:

a) to denote possession:

Письмо́ *профе́ссора* та́м на столе́.	The letter of the professor is there on the table.
Где́ до́м *профе́ссора мое́й сестры́?*	Where is the house of my sister's professor?

Note that if the possessor is indicated by the genitive case of a noun or a noun and its modifier it follows the thing possessed.

b) to denote in general the direct object of a negated verb:[1]

Она́ не чита́ла *журна́ла.*	She wasn't reading the journal.

Он не писа́л *э́той*   He didn't write that
кни́ги.   book.

c) with certain prepositions:[2]

без — without

Собра́ние бы́ло без   The meeting didn't bring
результа́та.   any result.

до — before, up to

Она́ та́м жила́ до   She lived there before
войны́.   the war.

о́коло — near, around

Ва́ш бра́т рабо́тал   Did your brother work
о́коло *Москвы́*?   near Moscow?

по́сле — after

Ива́н бы́л в Росси́и   John was in Russia after
по́сле *войны́*.   the war.

3.3   The genitive singular case endings of nouns

     a) Masculine and neuter nouns normally end in -а or -я.
     b) Feminine nouns end in -ы or -и.

Beginning with this lesson we will no longer make a point of distinguishing between hard and soft when describing nominal stems and their appropriate case endings. Except when the spelling rules apply, the case endings of hard stem nouns are spelled with the hard vowel letters, e.g. а and ы, and the case endings of soft stem nouns are spelled with the soft vowel letters, e.g. я and и.

Nominative	Suffix	Genitive
М. сто́л		стола́
писа́тель		писа́теля
музе́й		музе́я
ге́ний		ге́ния
N. письмо́	а - я	письма́
мо́ре		мо́ря
зда́ние		зда́ния

Nominative	Suffix	Genitive
F. газе́та кни́га дере́вня исто́рия ро́ль	ы – и	газе́ты кни́ги дере́вни исто́рии ро́ли

3.4 The genitive singular case endings of adjectives

a) Masculine and neuter adjectives end in -ого or -его.[3]
b) Feminine adjectives end in -ой or -ей (this ending is the same as the prepositional).

We will also no longer distinguish between hard and soft when describing adjectival stems and their appropriate case endings. Hard stem adjectives have case endings the first letter of which is spelled with the hard vowel letter, i.e. ого and ой, and soft stem adjectives have case endings the first letter of which is spelled with the soft vowel letter, i.e. его and ей, except when affected by the spelling rules.

Note the variant declension of adjectives like тре́тий (third). The masculine nominative form is тре́тий, but the neuter and feminine nominative forms end in a single vowel letter, e and я (i.e. тре́тье and тре́тья). The stem of this type of adjective ends in ь-, which appears in all forms except the masculine nominative singular.

Nominative	Suffix	Genitive
M. но́вый молодо́й дре́вний тре́тий N. но́вое молодо́е дре́внее тре́тье	ого – его	но́вого молодо́го дре́внего тре́тьего (prep. тре́тьем)

Nominative	Suffix	Genitive
F. но́вая молода́я дре́вняя тре́тья	ой – ей	но́вой молодо́й дре́вней тре́тьей (prep. тре́тьей)

3.5 The genitive case forms and endings of pronouns

The genitive case of the 1st and 2nd person personal pronouns is as follows:

Nominative я́   ты́   мы́   вы́
Genitive   меня́ тебя́ на́с ва́с

Demonstrative, interrogative, and most 3rd person personal pronouns have genitive endings similar to those of adjectives. To this group we can add (a) 1st and 2nd person possessive pronouns, мо́й, моё, моя́ (my, mine) and тво́й, твоё, твоя́ (your, yours sg.), на́ш, на́ше, на́ша (our, ours) and ва́ш, ва́ше, ва́ша (your, yours pl.); (b) the possessive pronoun сво́й, своё, своя́ (own); and (c) the special possessive interrogative pronoun че́й, чьё, чья́ (whose), the stem of which ends in ь- for all forms but the masculine nominative singular (cf. тре́тий).

	Nominative	Genitive
M. and N.	э́тот, э́то мо́й, моё на́ш, на́ше че́й, чьё кто́ что́ о́н, оно́	э́того моего́ на́шего чьего́ кого́ чего́ его́
F.	э́та моя́ на́ша чья́ она́	э́той мое́й на́шей чье́й её (!)

3.6 Use of possessive pronouns

The genitive case of the 3rd person personal pronoun can be used to denote possession (his, its, hers). These forms are fixed; therefore there is no agreement in gender or number with the words representing what is possessed. The 3rd person possessive pronoun is normally located immediately to the left of the words designating the things possessed. In the examples below, the nouns are in the nominative, prepositional and genitive cases. The forms of the 3rd person possessive pronouns, however, do not change.

a) его́ / её } го́род, ме́сто, шко́ла   his / her } city, place, school

b) о его́ / её } го́роде, ме́сте, шко́ле   about his / her } city, place, school

c) о́коло его́ / её } го́рода, ме́ста, шко́лы   near his / her } city, place, school

Compare the following examples of the 3rd person personal pronouns used as the object of a preposition (remember that the prefix н- signals this function) and as a possessive:

Вы жи́ли о́коло университе́та? Да́, я жи́л о́коло него́.
Did you use to live near the university? Yes, I used to live near it.

Мы жи́ли о́коло его́ до́ма.
We used to live near his house.

Вы говори́ли об А́нне? Да́, я говори́л о не́й.
Were you talking about Anna? Yes, I was talking about her.

Мы говори́ли о её до́ме.
We were talking about her house.

However, like adjectives and demonstrative pronouns, the 1st and 2nd person possessive pronouns and 'own,' as well as the interrogative possessive pronoun 'whose,' agree in gender and number with the modified word:

a) { мо́й, тво́й, на́ш, ва́ш, сво́й, че́й   го́род
    мое́, твое́, на́ше, ва́ше, свое́, чье́   ме́сто
    моя́, твоя́, на́ша, ва́ша, своя́, чья́   шко́ла

b) о {моём, твоём, нашем, вашем, своём, чьём городе
моём, твоём, нашем, вашем, своём, чьём месте
моей, твоей, нашей, вашей, своей, чьей школе

c) около {моего, твоего, нашего, вашего, своего, чьего города
моего, твоего, нашего, вашего, своего, чьего места
моей, твоей, нашей, вашей, своей, чьей школы

The use of the possessive pronoun свой "one's own" requires special attention. Свой is defined by the subject of the clause which it is in. Свой normally refers back to the grammatical subject of this clause. Optionally it can be substituted for first and second person possessive pronouns мой, твой, наш and ваш. Thus, depending on the subject, свой can be translated "my own, our own, your own (sg. and pl.), his own, her own, its own or their own." For example:

Я писал о моей/своей сестре.
I wrote about my sister.

Мы писали о нашей/своей сестре.
We wrote about our sister.

Ты писал о твоей/своей сестре?
Did you write about your sister?

Вы писали о вашей/своей сестре?
Did you write about your sister?

The use of свой is obligatory, however, if the possessor is a third person pronoun or a noun:

Он писал о своей сестре.
He wrote about his (own) sister.

but

Он писал о его сестре.
He wrote about his (somebody else's) sister.

3.7 The particle ни

When the particle ни occurs as a prefix or as a separate word, the predicate of the clause containing ни is normally preceded by the negative particle не:

Он никогда не работал там.   He has never worked there.

Он не рабо́тал ни в институ́те ни на фа́брике.	He worked neither at the institute nor at the factory.

Some words consist of the particle ни prefixed to a declinable interrogative; e.g. никто́, ничто́:

Он ничего́ не говори́л.	He didn't say anything.

When words of this type are objects of prepositions, the ни occurs before the preposition, the declinable interrogative word is in the case dictated by the preposition, and each element is written separately:

Он ни о ко́м не говори́л.	He didn't talk about anyone.

Note that the negative particle не is written only once, no matter how many ни-words cluster around the verb:

Он никогда́ не говори́л ни о ко́м и ни о чём.	He never talked about anyone or anything.

3.8 Indeclinable nouns

A number of nouns of foreign origin are not declined. The majority of these nouns are neuter. For example:

N. кино́ cinema	M. ко́фе *coffee*
ви́ски *whiskey*	F. ле́ди *lady*

Вы́ бы́ли в кино́?	Were you at the movies?
Э́та бога́тая ле́ди тогда́ жила́ в Москве́.	That rich lady lived in Moscow then.

NOTES

1. The direct object may, however, also be in the accusative case, discussed in the next chapter, especially if the object is a feminine or generic noun. See especially 4.6, p. 60.
2. These prepositions govern the genitive case only.
3. When -г- occurs as part of genitive singular adjectival and pronominal suffixes and forms, it is pronounced as -в-.

EXERCISES

A. Russian-to-English translation practice

1. Муж твоей сестры́ жил около Москвы́ после револю́ции? 2. Како́й э́то го́род? Э́то истори́чески интере́сный го́род. 3. До э́того жена́ моего́ дру́га не зна́ла ни меня́ ни ва́шего бра́та. 4. Ста́рый исто́рик ничего́ и никого́ не по́мнил. 5. Моя́ жена́ никогда́ не зна́ла ва́шей сестры́. 6. Како́е хоро́шее ме́сто! 7. Бори́с до́лго стоя́л в саду́ и говори́л о своём тре́тьем рома́не. 8. Почему́ его́ у́мная жена́ ме́дленно чита́ла? Потому́ что она́ никогда́ не чита́ла без словаря́. 9. Он писа́л о нача́ле или о конце́ войны́? 10. Э́тот бога́тый инжене́р до́лго рабо́тал около го́рода Москвы́. 11. Друг моего́ му́жа жил в Росси́и или до войны́ или после неё. 12. Мой брат то́же никогда́ не чита́л ни второ́й ни тре́тьей кни́ги э́того ру́сского писа́теля. 13. Коне́чно, до э́того он рабо́тал без результа́та. 14. Ве́ра стоя́ла на берегу́ реки́, и о́чень гро́мко говори́ла о свое́й сестре́. 15. У́мный студе́нт уже́ вчера́ знал, чьё э́то интере́сное письмо́. 16. Зна́ли ли вы, что наш друг был вчера́ в кино́ без нас? 17. Ла́мпа твоего́ това́рища стоя́ла там на столе́ около меня́. 18. После э́того её това́рищ уже́ ничего́ не понима́л и ничего́ не по́мнил. 19. Моя́ сестра́ ча́сто говори́ла и о нача́ле и о конце́ его́ интере́сного письма́. 20. Чья э́то газе́та? Э́то газе́та мое́й жены́. 21. В чьей газе́те студе́нтка чита́ла о ру́сском спу́тнике? 22. О ком и о чём говори́ли Ива́н и А́нна вчера́, когда́ они́ стоя́ли на берегу́ реки́? Они́ ни о ком и ни о чём не говори́ли. 23. Чей э́тот слова́рь и чья э́та газе́та? Э́тот слова́рь мой, но э́та газе́та её. 24. Э́то то же[1] ме́сто, где и я рабо́тал. 25. А́нна гро́мко и бы́стро говори́ла о её у́мном това́рище Бори́се. О чьём това́рище?

1. то же the same (see 2.7).

B. 1. Which of the words in each group is not like the others in the group? Take into consideration gender (m., n., f.), grammatical categories (noun, pronoun, verb, adjective, adverb, preposition), case (nominative, prepositional, genitive).

a.	конца́	шко́ла	ла́мпа
b.	сло́во	о́коло	письмо́
c.	реки́	зна́ли	кни́ги
d.	по́сле	това́рище	му́же
e.	бы́стро	ме́сто	нача́ло
f.	хоро́шей	чей	дре́вней
g.	сестра́	бра́та	дру́га
h.	у́мном	тру́дном	дом
i.	ру́сский	ге́ний	гро́мкий

2. Complete each sentence by putting the words following the prepositions into the proper case. Translate.

1. Мо́й бра́т ча́сто говори́л о ____ { она́ / но́вый институ́т / ва́ша шко́ла

2. А́нна стоя́ла о́коло _____ { музе́й / тво́й слова́рь / э́та ла́мпа

3. Э́тот инжене́р вчера́ бы́л на __ { конце́рт / ста́рая фа́брика / на́ше собра́ние

4. Ива́н ча́сто рабо́тал без _____ { результа́т / О́льга / она́

5. Я чита́л о револю́ции в _____ { газе́та / э́тот сове́тский журна́л / моя́ кни́га

6. Её му́ж та́м жи́л до _____ { война́ / ру́сская револю́ция

VOCABULARY

без (+ gen.)	without
бе́рег (на берегу́)	bank, shore, coast (cf. 2.4)
бра́т	brother
бы́стрый	quick, fast
ва́ш, ва́ше, ва́ша	your, yours pl. (§6)
Ве́ра	Vera
война́	war
вчера́	yesterday
гро́мкий	loud
до (+ gen.)	before, up to
до́лго	long time
дру́г	friend
его́	his (§6)
её	her (§6)
жена́	wife
жи́ть	live
зна́ть	know
и ... и	both ... and
и́ли ... и́ли	either ... or
инжене́р	engineer
истори́ческий	historical

кино́ (indecl.)	cinema, movies (§8)
коне́ц (-e)	end
коне́чно	of course
ла́мпа	lamp; bulb
ме́дленный	slow
ме́сто	place
мой, моё, моя́	my, mine (§6)
муж	husband
нача́ло	beginning
наш, на́ше, на́ша	our, ours (§6)
ни ... ни	neither ... nor
никогда́	never
никто́	no one
ничто́	nothing
о́коло (+ gen.)	near, around
О́льга	Olga
по́мнить	remember
по́сле (+ gen.)	after
револю́ция	revolution
результа́т	result
река́	river
свой, своё, своя́	one's own
сестра́	sister
стоя́ть	stand, be standing
твой, твоё, твоя́	your, yours sg. (§6)
това́рищ	comrade
то́же	also
тре́тий	third
у́мный	intelligent, wise
хоро́ший	good
чей, чьё, чья	whose (§6)

LESSON IV

GRAMMAR

4.1 Verb aspect

The Russian verb system includes a category of aspect, perfective and imperfective. Russian verbs are normally either of one aspect or the other, perfective or imperfective, although a few may function as verbs of both aspects.

The perfective aspect of a verb indicates that the action is completed, or will reach or has reached an end. The perfective aspect focuses attention primarily on the completion or end. It can include the notion of summing up more than one action brought to completion or an end, indicating that these several actions are viewed as a unit (I read the book last night; She will write that letter tomorrow; She solved the very same problem twice in a row and came up with the same results). The perfective aspect excludes the possibility of simultaneous action, two or more actions occurring at the same time.

The imperfective aspect of a verb indicates nothing about completion or reaching the end of an action, although completion or reaching the end are not excluded. The emphasis or focus of the speaker or author is on the action itself, on the process. For this reason the imperfective aspect can indicate a variety of possibilities. For example, (i) the action is conceived of as going on or as being incomplete (He was reading the book yesterday); (ii) the action is viewed as repeated or habitual (on Fridays he goes to the movies; She read a book a day); (iii) attention is called to the action itself (John's little sister talks now; He read his speech very slowly); (iv) two or more actions may simultaneously occur (While John was reading, his wife was talking).

There is usually one imperfective and one perfective verb which are very close in meaning. In most instances these verbal pairs share the same verbal stem, but differ as follows:

    a) the imperfective has no prefix, whereas the perfective is prefixed:

        писа́ть I   написа́ть P

b) the suffixes differ:

    объясня́ть I   объясни́ть P

Occasionally, however, the stems of the imperfective-perfective verbal pair will differ:

    говори́ть I   *сказа́ть* P

Beginning with this lesson, when a verbal notion is expressed in Russian by an imperfective and a perfective verb, both forms will be given in the vocabulary. Most Russian-English dictionaries give a separate entry with full description to the imperfective form of the verb only. Thus, the dictionary entry for "to write" perfective would be:

    написа́ть P *see* писа́ть

4.2 The future tense of the verb "be"

In Lesson I it was noted that the present tense of "be" бы́ть usually is indicated by a "zero" form, that is, by absence of a verb form. In addition to an infinitive and л form, there also are forms to express the future tense of this verb:

1st pers. sg.	я́	бу́ду	I will be
2nd pers. sg.	ты́	бу́дешь	you will be
3rd pers. sg.	о́н оно́ она́	бу́дет	he it will be she
1st pers. pl.	мы́	бу́дем	we will be
2nd pers. pl.	вы́	бу́дете	you will be
3rd pers. pl.	они́	бу́дут	they will be

  Когда́ о́н бу́дет до́ма?   When will he be at home?
  Та́м бу́дут Ива́н и А́нна. Ivan and Anna will be there.

4.3 The present and future tense forms of the verb, the T form

The inflectional pattern that will be called the T form is summarized below.[1] Note that the two examples of this pattern, which will be called the 1st and 2nd conjugations, are variants of each other, differing only in the vowels which link the terminal endings of all but the 1st person singular to the stem:

4.3

	1st conj.	2nd conj.
1st pers. sg.	у (ю)[2]	ю (у)[3]
2nd pers. sg.	ешь	ишь
3rd pers. sg.	ет	ит
1st pers. pl.	ем	им
2nd pers. pl.	ете	ите
3rd pers. pl.	ут (ют)[2]	ят (ат)[3]

With the exception of the 1st person singular, which is alike in both patterns, if the 3rd person plural of the verb ends in -ут (-ют), the link-vowel in the other persons is е, and if the 3rd person plural ends in -ят (-ат), the link-vowel in the other persons is и.

The inflectional pattern of most verbs is predictable:

a) Verbs with an infinitive form ending in -ать or -ять (читать, объяснять) usually belong to the first conjugation and add T-form endings to the vowel that remains after the infinitive designator -ть is removed (читают, объясняют).

b) Verbs with an infinitive form ending in -ить (говорить) usually belong to the 2nd conjugation and add T-form endings to the consonant that remains after the infinitive designator as well as the vowel preceding it (-ить) is removed (говорят).

c) The 3rd person plural of verbs not covered by the above descriptions will be given in the vocabulary entries: for example, писать (пишут). The 3rd person plural will indicate the stem to which all T-form endings are added, i.e. пиш-, as well as whether the verb belongs to the 1st or 2nd conjugation.

The stem of a T form is the form minus the "-ut" or "-at" of the 3rd person plural.[4]

The 1st and 2nd conjugations are illustrated by the following examples.

1st conjugation		читать 'read'	писать 'write'	жить[5] 'live'
1st pers. sg.	я	читаю	пишу́	живу́
2nd pers. sg.	ты	читаешь	пи́шешь	живёшь
3rd pers. sg.	он, оно́, она́	читает	пи́шет	живёт
1st pers. pl.	мы	читаем	пи́шем	живём
2nd pers. pl.	вы	читаете	пи́шете	живёте
3rd pers. pl.	они́	читают	пи́шут	живу́т

Most Russian verbs belong to the first conjugation.

2nd conjugation

	говори́ть 'say, talk'	положи́ть 'put'
1st pers. sg. я	говорю́	положу́
2nd pers. sg. ты	говори́шь	поло́жишь
3rd pers. sg. он, оно́, она́	говори́т	поло́жит
1st pers. pl. мы	говори́м	поло́жим
2nd pers. pl. вы	говори́те	поло́жите
3rd pers. pl. они́	говоря́т	поло́жат

An event taking place in the present can be expressed only by an imperfective verb. If the imperfective verb has a T-form ending, then action in the present is generally designated:

    Они́ пи́шут.   They are writing.

An imperfective action that takes place in the future is expressed with the aid of the future tense of the verb 'be,' followed by the infinitive of the imperfective verb:

    Мы бу́дем писа́ть   We will write tomorrow.
      за́втра.
    Я бу́ду рабо́тать в   I will work in the museum.
      музе́е.

A perfective verb does not express action in the present. The T-form endings on a perfective verbal stem will generally indicate intended completion of an action in the future:

    За́втра я напишу́   Tomorrow I will write a
      письмо́.   letter.
    Кто́ объясни́т э́то?   Who will explain that?

When there is the possibility of choice in verbal aspect, the imperfective is more frequently used than the perfective when the verb is negated, indicating complete denial of the verbal action. The perfective aspect may occur, however, if the verbal action is not denied completely (e.g. someone else will or did perform it; the object, not the verbal action, is affected by the negation).

4.4   The Л form of imperfective and perfective verbs

The Л form, as we have seen previously, normally expresses English past tense. Note the following examples illustrating the use of both aspects. Compare

4.4

these examples with the variety of possible usages discussed in the first section of this lesson (p. 55).

Imperfective

i) Action in progress or incomplete (or no indication in the verb that the action was completed):

Он писа́л письмо́ вчера́.	He was writing a letter yesterday.
Cf. Он пи́шет письмо́.	He is writing a letter.
Он бу́дет писа́ть письмо́ за́втра.	He will write a letter tomorrow.

ii) repeated or habitual action:

Он писа́л ча́сто.	He wrote often.
Cf. Он пи́шет ча́сто.	He writes often.
Он бу́дет писа́ть ча́сто, когда́ он бу́дет в Евро́пе.	He will write often when he is in Europe.

iii) focus on action itself:

Мо́й брат говори́л, когда́ он был о́чень молоды́м.⁶	My brother talked when he was very young.
Cf. Мо́й молодо́й брат тепе́рь говори́т.	My young brother talks now.
Мо́й молодо́й брат ско́ро бу́дет говори́ть.	My young brother will talk *soon*.
Мо́й брат бы́стро писа́л.	My brother wrote *quickly*.
Cf. Мо́й брат бы́стро пи́шет.	My brother writes *quickly*.
На́ экза́мене за́втра мо́й брат бы́стро бу́дет писа́ть.	At the exam tomorrow my brother will write *quickly*.

iv) actions occurring at the same time.

Он писа́л письмо́, когда́ я рабо́тал.	He was writing a letter while I was working.
Cf. Он пи́шет письмо́, когда́ я рабо́таю.	He is writing a letter while I am working.
Он бу́дет писа́ть письмо́, когда́ я бу́ду рабо́тать.	He will write a letter while I work.

Perfective

    i) Focus on the completion of the action:

Он написа́л письмо́ вчера́.	He wrote a letter yesterday.
Cf. Он напи́шет письмо́ за́втра.	He will write a letter tomorrow.

    ii) repeated action viewed as a unit:

Он написа́л письмо́ два́ ра́за.	He wrote the letter *twice*.
Cf. Он напи́шет письмо́ два́ ра́за.	He will write the letter *twice*.

    iii) exclusion of two or more actions occurring simultaneously:

Он написа́л письмо́, пото́м он рабо́тал.	He wrote the letter and then he worked.
Cf. Он напи́шет письмо́, пото́м он бу́дет рабо́тать.	He will write the letter and then he will work.

4.5 Summary of verb forms

Aspect	Infinitive	Present	Future	Past
Imperf.	писа́ть	они́ пи́шут	они́ бу́дут писа́ть	они́ писа́ли
Perf.	написа́ть		они́ напи́шут	они́ написа́ли

4.6 The accusative case

The accusative case refers to the person or thing directly affected by the action of the verb. Some of its more frequent uses are:

    a) as the direct object of the verb:

Ива́н чита́л *журна́л*.	John was reading the journal.

Don't forget, however, that the genitive case can be used as the direct object of a negated verb (see 3.2, and note 1, p. 51):

Ива́н не чита́л *журна́ла*.	John wasn't reading the journal.

b) as the object of certain prepositions used with verbs which indicate motion, place to which:

   в — in, into; to

   Он положил письмо в *книгу*.   He put the letter in the book.

   на — on, onto; to

   Он положил газету на *стол*.   He put the newspaper on the table.

   за — behind

   Он положил книгу за *лампу*.   He put the book behind the lamp.

   под — under, below

   Он положил письмо под *журнал*.   He put the letter under the journal.

4.7 The accusative singular case endings of the noun

   a) The accusative case ending of an animate masculine noun (boy, elephant, John, teacher, etc.) is -a or -я (cf. the genitive ending).

   b) The accusative case of non-animate masculine nouns, neuter nouns, and feminine nouns with a "zero" ending is like the nominative (see 1.4).

   c) The accusative case ending of all other feminine nouns is -y or -ю.

	Nominative	Suffix	Accusative
M. (animate)	профессор писатель гений	а - я (ACC.=GEN.)	профессора писателя гения
M. (non-animate)	стол словарь музей	ACC.=NOM.	стол словарь музей
N.	письмо море здание	ACC.=NOM.	письмо море здание
F.	роль		роль

Nominative	Suffix	Accusative
F. газе́та кни́га дере́вня исто́рия	у - ю	газе́ту кни́гу дере́вню исто́рию

4.8 The accusative singular case endings of adjectives

   a) The accusative is like the genitive if the modified noun is an animate masculine noun in the accusative, i.e. -ого or -его.

   b) The accusative ending is like the nominative if the modified noun is

   i) a non-animate masculine noun in the accusative, i.e. -ый (-о́й) or -ий;

   ii) a neuter noun in the accusative, i.e. -ое or -ее.

   c) If the modified noun is a feminine noun in the accusative case, the feminine adjectival ending is -ую or -юю.

Nominative	Suffix	Accusative	
	WITH ANIMATE MASCULINE NOUNS		
M. но́вый второ́й дре́вний тре́тий	ACC.=GEN.	но́вого второ́го дре́внего тре́тьего	студе́нта
	WITH NON-ANIMATE MASCULINE NOUNS		
	ACC.=NOM.	но́вый второ́й дре́вний тре́тий	до́м

Nominative	Suffix	Accusative
N. но́вое второ́е дре́внее тре́тье	ACC.=NOM.	но́вое второ́е дре́внее тре́тье
F. но́вая втора́я дре́вняя тре́тья	ую — юю (ю)	но́вую втору́ю дре́внюю тре́тью

4.9 The accusative case forms and endings of pronouns

The accusative case of the personal and interrogative pronouns is as follows:

| Nominative | я | ты́ | о́н, оно́ | она́ |
| Accusative | меня́ | тебя́ | его́ | её |

| Nominative | мы́ | вы́ | кто́ | что́ |
| Accusative | на́с | ва́с | кого́ | что́ |

Note that the accusative forms above are like the genitive, with the exception of что́ which is like the nominative.

Compare the accusative case endings of the demonstrative, possessive and possessive-interrogative pronouns with those of adjectives:

Nominative	Suffix	Accusative
	WITH ANIMATE MASCULINE NOUNS	
M. э́тот мо́й на́ш че́й	ACC.=GEN.	э́того моего́ на́шего чьего́ } студе́нта
	WITH NON-ANIMATE MASCULINE NOUNS	
	ACC.=NOM.	э́тот мо́й на́ш че́й } до́м

Nominative	Suffix	Accusative
N. э́то моё на́ше чьё	ACC.=NOM.	э́то моё на́ше чьё
F. э́та моя́ на́ша чья́	у – ю	э́ту мою́ на́шу чью́

4.10 Location versus motion

It has been noted already that certain Russian prepositions are used with more than one case; for example в and на are used with the prepositional case when indicating location (in, at, on, place where) and the accusative case when indicating motion (into, to, onto, to which place). This distinction between location and motion is also made with certain adverbial pairs.

Compare the following:

Location   *Motion*

в }   *in*   в }
на } + prep.   *on*   на } + acc.
где́   *where*   куда́
зде́сь   *here*   сюда́
та́м   *there*   туда́

The question where (in, at what place, on what ...) is asked with the interrogative adverb где́ and is answered by the prepositions в and на followed by the prepositional case or by the adverbs зде́сь and та́м:

Где́ бы́ло письмо́?   Письмо́ бы́ло в кни́ге.
(Where was the letter?)   (The letter was in the book.)

                              Письмо́ бы́ло на столе́.
                              (The letter was on the table.)

                              Письмо́ бы́ло зде́сь.
                              (The letter was here.)

4.10

Письмо́ бы́ло та́м.
(The letter was there.)

Письмо́ бы́ло та́м на столе́.
(The letter was there on the table.)

The question where (into, to what place, onto what...) is asked by the interrogative adverb куда́ and is answered by the prepositions в and на followed by the accusative case and by the adverbs сюда́ and туда́:

Куда́ он положи́л письмо́?
(Where did he put the letter?)

Он положи́л письмо́ в кни́гу.
(He put the letter in the book.)

Он положи́л письмо́ на сто́л.
(He put the letter on the table.)

Он положи́л письмо́ сюда́.
(He put the letter here.)

Он положи́л письмо́ туда́.
(He put the letter there.)

Он положи́л письмо́ туда́ на сто́л.
(He put the letter there on the table.)

4.11 Reported speech

When statements and questions are reported in Russian, the verb of the reported utterance has the same form as it had originally. In English the verb form frequently changes in this situation. Compare the following reported statements in Russian and English:

a) Она́ рабо́тает в институ́те
    and
  Он говори́т, что она́ рабо́тает в институ́те.
  Он сказа́л, что она́ рабо́тает в институ́те.

She works at the institute.

He says that she works at the institute.

He said that she worked at the institute.

IV-66   4.11

b) Она́ бу́дет рабо́тать   She will work at the insti-
     в институ́те.   tute.
           and
   Он говори́т, что она́   He says that she will work at
     бу́дет рабо́тать в   the institute.
     институ́те.
   Он сказа́л, что она́ бу́дет   He said that she would work at
     рабо́тать в институ́те.   the institute.

c) Она́ рабо́тала в   She used to work at the insti-
     институ́те.   tute.
           and
   Он говори́т, что она́   He says that she used to work
     рабо́тала в институ́те.   at the institute.
   Он сказа́л, что она́   He said that she used to work
     рабо́тала в институ́те.   at the institute.

NOTES

1. It will be called the T form because the 3rd person singular and plural end in -T and the 2nd person plural in -TE.
2. 1st conjugation verbs have a 1st person singular ending -ю and a 3rd person plural ending -ут, except when these endings are preceded by a vowel (чита́ют) or the consonants р or л (поро́ть, по́рют *flog*).
3. 2nd conjugation verbs have a 1st person singular ending -ю and a 3rd person plural ending -ят unless affected by the spelling rules on p. 172.
4. If the 3rd person plural ending reflects a "jot," i.e. 3rd person plural endings spelled -ют ("jot" + *ut*) or -ят ("jot" + *at*), the "jot" is actually part of the stem.
5. Note the 2nd and 3rd sg. and 1st and 2nd pl. link vowel under stress, i.e. ё (see pp. 14-15 for pronunciation).
6. Молоды́м is in the instrumental case (see 7.1 amd 7.3).

EXERCISES

A. Russian-to-English translation practice

1. Где вы живёте и рабо́таете? 2. Кого́ вы зна́ете в э́том кла́ссе? Я никого́ не зна́ю. 3. Куда́ вы положи́ли ва́ше письмо́? Туда́ на стол за ла́мпу и́ли в слова́рь? 4. Чью кни́гу он вчера́ прочита́л? Мою́ и́ли ва́шу? 5. Когда́ сестра́ Ива́на напи́шет э́то письмо́? 6. Что Никола́й сказа́л? Он сказа́л, что он никогда́ не чита́л э́того рома́на. 7. Куда́ вы кладёте э́ту бо́мбу? Я её кладу́ сюда́ под газе́ту. 8. Ста́рый писа́тель сказа́л, что его́

брат работал тогда на фабрике, потом в ресторане, но теперь он работает в музее. 9. Прочитаете ли вы этот исторический роман сегодня? Я его прочитаю или сегодня или завтра. 10. Где ты будешь жить, когда ты будешь работать в университете? Я буду жить там в доме моей сестры. 11. Я знаю, что он поймёт нас, когда мы это объясним. 12. Мария положит нашу газету и свой журнал под словарь. 13. Критик часто объяснял третью главу и четвёртую главу её романа, но вчера объяснил вторую главу. 14. Борис сказал, что сегодня в школе он наконец понял это. 15. Какой четвёртый урок? Четвёртый урок очень трудный. 16. Кого он понимал? Он всегда понимал меня, но очень часто не понимал ни её ни её брата. 17. Почему и телефон и большая лампа стоят на этом столе? 18. Известный автор потом читал лекцию о главном гербе этого романа. 19. Я часто читаю в газете о Большом театре в Москве, главном городе Советского Союза. 20. Наконец я хорошо понимаю грамматику первого урока. 21. Чью книгу он положил туда за лампу? 22. Я хорошо помню конец её письма. 23. Известный критик сказал, что он теперь пишет книгу о гербе в современной литературе. 24. Я всегда тебя понимаю и помню, что ты говоришь. 25. Когда сестра Веры напишет это письмо?

B. 1. Make the required T forms of the verbs in parentheses. Translate.

1. Что этот человек (говорить) обо мне?
2. Я вас всегда (понимать).
3. Мария и Борис (объяснить) грамматику сегодня на уроке.
4. Кто (знать), что Иван говорил?
5. Эта студентка (быть) читать журнал в библиотеке.
6. Вы (работать) в музее?
7. Николай (класть) свою газету под словарь.
8. Мы часто (читать) в газете об этом.
9. Куда он (положить) письмо?
10. Мой брат (жить) в Москве.
11. Анна сегодня (написать) письмо.
12. Вы знаете, кто (стоять) в саду?

2. Complete each sentence by putting the words in brackets into the proper case. Translate.

1. Моя́ сестра́ рабо́тает в ____ { библиоте́ка. / но́вый музе́й.

2. Ива́н всегда́ кладёт письмо́ на ____ { стол. / своя́ кни́га.

3. Изве́стный а́втор чита́л ле́кцию о ____ { Сове́тский Сою́з. / совреме́нная литерату́ра.

4. Он положи́л газе́ту за ____ { телефо́н. / ла́мпа.

5. Мой брат ча́сто чита́ет ____ { ру́сская газе́та. / интере́сный рома́н.

6. Я хорошо́ понима́ю ____ { Бори́с и А́нна. / ру́сская грамма́тика.

VOCABULARY

америка́нский	American
библиоте́ка	library
большо́й	big, large
бо́мба	bomb
в (+ acc.)	in, into; to
всегда́	always
геро́й	hero
глава́	chapter, head
гла́вный	main
Евро́па	Europe
за (+ acc.)	behind, beyond
за́втра	tomorrow
изве́стный	famous, well-known
класс	class, classroom
кри́тик	critic
куда́	where (§10)
ле́кция	lecture
литерату́ра	literature
Мари́я	Maria, Mary
на (+ acc.)	on, onto; to
наконе́ц	finally, at last
Никола́й	Nicholas
под (+ acc.)	under, below
пото́м	then, afterwards
сего́дня	today
совреме́нный	contemporary, modern

сюда́	here (§10)
теа́тр	theater
телефо́н	telephone
туда́	there (§10)
уро́к	lesson
фи́зик	physicist
челове́к	man, human being
четвёртый	fourth
экза́мен	examination
бы́ть (бу́дут)	be (§2)
говори́ть I ⎫ сказа́ть (ска́жут) P ⎭	say, tell (speak, talk: говори́ть only)
жи́ть (живу́т) I	live
зна́ть I	know
кла́сть (кладу́т, past кла́л) I ⎫ положи́ть P ⎭	put, place
объясня́ть I ⎫ объясни́ть P ⎭	explain
писа́ть (пи́шут) I ⎫ написа́ть (напи́шут) P ⎭	write
по́мнить I	remember
понима́ть I ⎫ поня́ть (пойму́т) P ⎭	understand
рабо́тать I	work
стоя́ть (стоя́т)	stand, be standing
чита́ть I ⎫ прочита́ть P ⎭	read

LESSON V

GRAMMAR

5.1 The past tense form of the verb, the Л form (consonant stems)

In Lesson II it was noted that the past tense stem for most Russian verbs can be derived by removing the infinitive designator -ть. This stem ends in a vowel, and the Л suffix is added directly to it.

Some verbs, however, have a past tense stem which ends in a consonant. These are the verbs with an infinitive form ending in (i) a consonant plus -ть (класть - *put*), (ii) a consonant plus -ти (нести - *carry*), (iii) -чь (which represents the consonants г or к plus ть which became чь: мочь - *be able*), (iv) consonant р plus -еть (умереть - *die*), and (v) certain verbs with an infinitive form in a consonant plus -нуть (привыкнуть - *get used to*).

    a) If the T-form stem ends in д or т (класть, кладут)[1] the consonant before the Л suffix is lost (класл > клал).

    b) Otherwise, the consonant before -ти, -ть, -еть or -нуть is kept. This is the masculine singular form, i.e. no Л suffix is added to make the masculine form. The Л suffix appears in the neuter, feminine and plural forms (нести: нёс, несло...; мочь: мог, могло...; умереть: умер, умерло...; привыкнуть: привык, привыкло...).

The Л forms of this type will be given in the vocabulary.

All verbs of the above type have 1st conjugation T-form endings.

Infinitive	Л form
a) класть (кладут)	клал, клало, клала, клали
b) нести	нёс, несло, несла, несли
мочь [мог+ть]	мог, могло, могла, могли
умереть	умер, умерло, умерла, умерли
привыкнуть	привык, привыкло, привыкла, привыкли

5.2 -нуть type verbs

-нуть verbs for the most part (a) indicate a single action performed once (толкну́ть P - *push*, плю́нуть P - *spit*), or (b) describe becoming or a process of change (привы́кнуть P - *get used to*, ки́снуть I - *become sour*).

Verbs of this type have 1st conjugation T-form endings. Note that the T-form stem ends in the consonant н (the infinitive form minus уть).

    sg. привы́кну, привы́кнешь, привы́кнет
    pl. привы́кнем, привы́кнете, привы́кнут

The Л form of most -нуть verbs is made by simply adding Л-form suffixes to the final vowel of the infinitive stem:

    толкну́л, толкну́ло, толкну́ла, толкну́ли
    плю́нул, плю́нуло, плю́нула, плю́нули

Some verbs with a root-final consonant с, з, к or г plus -нуть have a consonantal Л-form stem, i.e. -нуть is dropped (see §1):

    привы́к, привы́кло, привы́кла, привы́кли
    кис, ки́сло, ки́сла, ки́сли

5.3 Mutation of consonants

The stem-final consonant of some verbs undergoes a change in the 1st person singular of the T form under the following condition:

> if the 3rd person plural ends in -ят and the stem-final consonant of the 3rd person plural is a labial consonant (produced by closing or partly closing the lips) or a dental consonant (produced with the tip of the tongue near or against the front teeth) listed below:[2]

labials

б	бл	люби́ть	лю́бят	люблю́	*love*
в	вл	пра́вить	пра́вят	пра́влю	*drive*
м	мл	шуми́ть	шу́мят	шумлю́	*make noise*
п	пл	спать	спят	сплю	*sleep*
ф	фл	тра́фить	тра́фят	тра́флю	*hit the mark*

dentals

д	ж	ви́деть	ви́дят	ви́жу	*see*
з	ж	вози́ть	во́зят	вожу́	*transport*
с	ш	носи́ть	но́сят	ношу́	*carry*
т	ч	отве́тить	отве́тят	отве́чу	*answer*
ст	щ	пусти́ть	пу́стят	пущу́	*allow*

5.4 The dative case

The dative case represents the person or thing indirectly affected by the action of the verb. Some of its more frequent uses are:

a) as the indirect object of the verb, corresponding in English to "to" and "for":

Он да́л *студе́нту* журна́л. — He gave the journal to the student.

Это письмо́ его́ *сестре́*. — That's a letter to/for his sister.

Она́ отве́тила своему́ *бра́ту*. — She answered (gave an answer to) her brother.

b) with certain prepositions:

к[3] - to, towards, to the house or place of

Я не могу́ привы́кнуть к *э́тому*. — I can't get used to this.

по - on, according to, along, in

Он говори́л по *телефо́ну*. — He was talking on the telephone.

По *моему́ сове́ту* он писа́л письмо́. — On my advice he wrote the letter.

Он специали́ст по *исто́рии* Росси́и. — He is a specialist in the history of Russia.

По *доро́ге* мы его́ ви́дели. — We saw him along the way.

c) with "it" constructions (see §10):

Ей бы́ло тру́дно. — It was hard for her.
Ва́м пора́ бу́дет рабо́тать. — It will be time for you to work.

5.5 The dative singular case endings of nouns

a) Masculine and neuter nouns end in -у or -ю in the dative singular (exception: 9.9).

b) For all feminine nouns the dative singular is like the prepositional:
   i. the dative case of feminine nouns in -а or -я ends in -е;
   ii. the dative suffix for feminine и-stem nouns and feminine nouns with a "zero" ending is -и.

Nominative	Suffix	Dative
M. стóл писáтель музéй гéний N. письмó мóре здáние	у – ю	столý писáтелю музéю гéнию письмý мóрю здáнию
F. газéта кнúга деревня	е	газéте кнúге деревне
F. истóрия рóль	и	истóрии рóли

5.6 The dative singular case endings of adjectives

a) Masculine and neuter adjectives end in -ому or -ему;

b) Feminine adjectives end in -ой or -ей (this ending is the same as the prepositional and genitive).

Nominative	Suffix	Dative
M. но́вый молодо́й дре́вний тре́тий N. но́вое молодо́е дре́внее тре́тье	ому – ему	но́вому молодо́му дре́внему тре́тьему
F. но́вая молода́я дре́вняя тре́тья	ой – ей	но́вой молодо́й дре́вней тре́тьей

5.7 The dative case forms and endings of pronouns

The dative case of the first and second person personal pronouns is as follows:

| Nominative | я | ты́ | мы́ | вы́ |
| Dative | мне́ | тебе́ | на́м | ва́м |

Compare the dative case endings of the following demonstrative, possessive, possessive-interrogative, interrogative and 3rd person personal pronouns with the dative adjectival endings:

	Nominative	Dative
M. and N.	э́тот, э́то мо́й, мое́ на́ш, на́ше че́й, чье́ кто́ что́ о́н, оно́	э́тому моему́ на́шему чьему́ кому́ чему́ ему́
F.	э́та моя́ на́ша чья́ она́	э́той мое́й на́шей чье́й е́й

5.8 По expressing "in the manner of"

По, prefixed by a hyphen to the adverbial form of an adjective with stem ending in ск- and the dative case of certain other adjectives and adjectival pronouns usually adds "in the manner of ... ," "in a ... manner" to the meaning of the adjective:

    Он говорит *по-русски*.   He speaks in the Russian manner (i.e. he speaks Russian).

    Мы жили *по-старому*.   We lived in an old-fashioned way.

5.9 The short form of the adjective as predicate

The short form of the adjective consists of the adjectival stem and the following suffixes: m. sg. "zero," n. sg. -о/-е, f. sg. -а/-я; pl. -ы/-и.

    богатый rich   синий blue

       богат   синь
       богато   сине
       богата   синя
       богаты   сини

Many adjectives with stems ending in two consonants have -е- or -о- inserted between these two consonants in the masculine short form, especially when the final consonant is -н or -к:

    трудный difficult   труден but трудно, трудна, трудны
    громкий loud   громок but громко, громка, громки

The short form exhibits some of the characteristics of a verb, i.e. it can function as a predicate. When it does, it agrees in gender with a singular subject and in number with a plural subject, like the Л form of the verb. The "be" verb indicates tense.

    Он *богат*.   He is rich.
    Море было *сине*.   The sea was blue.
    Эта студентка будет *богата*.   That student will be rich.
    Иван и Лиза *богаты*.   John and Lisa are rich.

Note that adverbs ending in -о/-е which are formed from adjectives are also short forms structurally: e.g. хорошо (see 3.1).

5.10 "It" constructions

The neuter short form of an adjective, sometimes accompanied by the infinitive of a verb, can serve as the predicate of what will be called an "it" construction. In Russian this type of expression does not have a grammatical subject in the nominative case, like the "it" in English that has no specific referent.

If the person or thing affected by the action of the predicate is expressed, it is in the dative case. The absence or presence of the "be" verb, in the neuter singular, indicates tense.

Ему *трудно*.	It is hard for him.
Очень *интересно* будет жить в Москве́.	It will be very interesting to live in Moscow.
А́нне *тру́дно* бы́ло говори́ть об э́том.	It was difficult for Anna to talk about that.

Other grammatical forms besides verbs or forms that function as verbs also can be used in "it" constructions: e.g. пора́ (noun).

Мне́ *пора́* бы́ло рабо́тать.   It was time for me to work.

5.11 Repetition of the particle не

The particle не is repeated in certain types of constructions, for example those involving the verbs мо́чь or хоте́ть used in combination with an infinitive. The negative particle occurs before both the inflected verbal form and the infinitive. Note carefully the translation of this kind of construction.

```
subject не { мо́чь / хо́теть } не (infinitive)
```

a) Я *не* могу́ *не* отве́тить на его́ вопро́с.
   I can't help answering his question/I can't not answer his question.

Cf. Я могу́ отве́тить на его́ вопро́с.
   I can answer his question.
   Я не могу́ отве́тить на его́ вопро́с.
   I can't answer his question.

b) Он *не* хоте́л *не* ду́мать об э́том.
   He wanted to think about that/He didn't want not to think about that.

5.11

 Cf. Он хоте́л ду́мать об э́том.
    He wanted to think about that.
  Он не́ хоте́л ду́мать об э́том.
    He didn't want to think about that.

NOTES

1. Note that д or т before -ти́ (-ть) becomes с.
2. If the third person plural of the verb ends in -ут and the stem-final consonant has been *softened*, e.g. писа́ть (3rd person plural пи́шут), this mutation occurs throughout the T-form conjugation.
3. The preposition к has the form ко before certain consonant clusters: e.g. ко мне́.

EXERCISES

A. Russian-to-English translation practice

 1. Я ча́сто его́ ви́жу на конце́рте. 2. Ей о́чень тру́дно бы́ло, когда́ муж у́мер. 3. По доро́ге к вам Бори́с нам вдруг сказа́л, что он не́ мо́жет жить без Ли́зы. 4. «Коне́чно я вам отве́чу» — сказа́ла студе́нтка по-ру́сски. 5. Ви́ктор у́чит свою́ сестру́ англи́йскому языку́ и неме́цкому языку́. Её родно́й язы́к ру́сский. 6. Вам пора́ отвеча́ть мне! 7. Я не мог не сказа́ть, что Ива́н у́мный челове́к. 8. Он наконе́ц привы́к к ней и к её отцу́. 9. Я не зна́ю, почему́ адвока́т не хо́чет отвеча́ть на э́тот ва́жный вопро́с. 10. Ста́рый профе́ссор умира́л в э́той тёмной ко́мнате. 11. Вы ещё ду́маете, что пя́тый вопро́с на экза́мене тру́ден? 12. Вам пора́ отве́тить на мой вопро́с. Не пра́вда ли? 13. Кому́ Никола́й дал свою́ си́нюю ла́мпу? Никому́. 14. На рабо́те сего́дня он сказа́л, что мы живём по-ста́рому. 15. Мо́жет быть профе́ссор бу́дет чита́ть нам свою́ статью́ о социалисти́ческой культу́ре в газе́те «Пра́вда». 16. По-мо́ему, э́тот у́мный адвока́т ей всегда́ даёт хоро́ший сове́т. 17. Я ду́маю, что брат её дру́га специали́ст по фи́зике в шта́те Вашингто́не, и что он бога́т. 18. По ва́шему сове́ту я вчера́ дала́ моему́ отцу́ о́чень ва́жную неме́цкую статью́ о жи́зни по́сле сме́рти. 19. По доро́ге к ста́нции мы вдруг уви́дели и Мари́ю и её бра́та. 20. Я учу́ сестру́ ру́сскому языку́, потому́ что она́ хо́чет жить в Сове́тском Сою́зе. 21. Я до́лго ду́мал об э́том расска́зе и о сме́рти геро́я. 22. Чья э́то сестра́? Это его́ родна́я сестра́. 23. Геро́й э́того неме́цкого расска́за у́мер в тёмной ко́мнате. 24. Он не мог не объясни́ть, почему́ он ещё без рабо́ты. 25. Я ду́маю, что Бори́с привы́к к ней и, мо́жет быть, к её сестре́.

B. 1. Make the required T forms of the verbs in parentheses. Translate.

1. Я (хотéть) читáть статьЮ о жи́зни пóсле смéрти.
2. Чью кни́гу вы тепéрь (ви́деть)?
3. Áнна чáсто (дýмать) о своём роднóм гóроде.
4. Ивáн (учи́ть) нас рýсскому языкý.
5. Что вы (дать) егó бéдному отцý?
6. На стáнции Ви́ктор нам сказáл, что он не (мочь) жить без Ли́зы.
7. Я (отвéтить) э́той студéнтке.
8. Вам порá (быть) написáть письмó зáвтра.
9. Человéк никогдá не знáет, когдá он (умерéть).
10. Комý вы (давáть) э́ту кни́гу.
11. Мы (жить) на берегý мóря.
12. Я (читáть) моемý мýжу начáло óчень интерéсного немéцкого расскáза.

2. Complete each sentence by putting the words in brackets into the proper case. Translate.

1. Я читáла { мой друг / сестрá / он } óчень интерéсную статьЮ.

2. Он дал { ваш брат / своя женá / онá } вáжное письмó.

3. { Я / Эта студéнтка / Мой отéц } трýдно бы́ло говори́ть об э́том.

4. { Вы / Этот человéк / Наш товáрищ } порá рабóтать.

5. Он отвéтил { э́тот писáтель. / адвокáт. / мы. }

VOCABULARY

адвокáт	lawyer
англи́йский	English
вáжный	important
Вашингтóн	Washington
вдруг	suddenly
Ви́ктор	Victor
вопрóс	question
дорóга	road

ещё	still, more, even
жизнь f.	life
к (+ dat.)	to, towards, to the house or place of
комната	room
культура	culture
Лиза	Lisa
может быть	perhaps
немецкий	German
отец (-e)	father
по (+ dat.)	on, along, according to, in; in manner of (§8)
пора	time (for, to)
правда	truth
пятый	fifth
работа	work, task
рассказ	short story
родной	native; own
синий	blue
смерть f.	death
совет	advice, council, soviet
социалистический	socialist
специалист	specialist
станция	station
статья	article
тёмный	dark
физика	physics
штат	state (e.g. of U.S.)
язык	language
видеть (видят) I увидеть (увидят) P	see (P - catch sight of)
давать (дают) I дать (дам, дашь, даст, дадим, дадите, дадут) P	give
думать I подумать P	think
мочь (могу, можешь, может, можем, можете, могут; мог, могло) I смочь (смогу, сможешь, сможет, сможем, сможете, смогут; смог, смогло) P	be able, can (§1)
отвечать I ответить P	answer, give an answer
привыкать I привыкнуть (привыкнут; привык, привыкло) P	get used to, accustomed to (§1)
умирать I умереть (умрут; умер, умерло) P	die (§1)

учи́ть   I } teach (subject matter in
научи́ть P }   dative)

хоте́ть (хочу́, хо́чешь, хо́чет,
    хоти́м, хоти́те, хотя́т)   I } + acc. or gen.
захоте́ть (захотя́т)   P }   want

LESSON VI

GRAMMAR

6.1 Going-conveying verbs

Certain Russian verbs which indicate going and conveying have two imperfective forms which are frequently called determinate and indeterminate verbs.

- a) The determinate verb is restricted in meaning, focusing on motion in a specific direction, toward some goal (When I saw Mary yesterday she *was going* to the movies; John *is taking* a pizza to Mary). The determinate verb refers to a continuous single act. However, it can also include the notion of several acts if these acts are viewed as a unit.

- b) The indeterminate verb is not restricted by reference to a particular goal. Its focus is (1) on the motion itself or on the process, without reference to direction (My little sister *walks* now; We *drive* slowly when it is foggy); (2) on a repeated or habitual action (I *went* to the museum several times last week; Every day I *go* to the store); (3) on action carried out in more than one direction, for example a round trip (I *flew* to New York and back yesterday).

The relationship between determinate and indeterminate is similar to that between perfective and imperfective.

There is only one type of perfective verb for this determinate-indeterminate set. Each perfective verb is formed by prefixing по- to a determinate verb. The focus of this perfective verb is on the start of the action (At 5 o'clock we went/set out for the movies).

Here are five important going-conveying verbs:

Imperfective		Perfective	
Indeterminate	Determinate		
ходи́ть	идти́	пойти́	go (walking under one's own power)
е́здить	е́хать	пое́хать	go (riding, with aid of other means of transportation)
лета́ть	лете́ть	полете́ть	fly
носи́ть	нести́	понести́	carry (in one's hand, on one's person)
води́ть	вести́	повести́	lead (by the hand)

Imperfective

Indeterminate

Он хо́дит в университе́т. — He goes to/attends the university.

Она́ е́здила в Москву́ вчера́. — She went/made a round trip to Moscow yesterday.

Я ча́сто лета́ю в Ло́ндон. — I often fly to London.

Determinate

Она́ ведёт сестру́ в университе́т. — She is taking her sister to the university.

Он е́хал в Нью-Йо́рк, когда́ оте́ц у́мер. — He was on his way to New York when his father died.

Я за́втра лечу́ в Москву́. — I'm going to fly to Moscow tomorrow.

The T form of the determinate verb is the normal way of expressing the future of going-conveying verbs. The context will usually indicate whether or not reference is to a future action.

6.1

Perfective

Я пойду́ в университе́т за́втра.	I'll go to/set out for the university tomorrow.
Он полете́л в Евро́пу.	He flew to Europe.
Она́ понесла́ кни́гу в библиоте́ку сего́дня.	She took/set out carrying the book to the library today.

Going-conveying verbs can have an abstract or special meaning beyond that of actual motion. A number of examples will be given in the translation exercises. In most instances the context will make the English translation obvious.

6.2 The interrogative and relative pronoun кото́рый

Кото́рый functions as an interrogative as well as a relative pronoun. A relative pronoun is a word in a clause that substitutes for or relates to a word or words in the main clause of a sentence. Its forms are adjectival.

The interrogative use of кото́рый (which, what) should not present any problems: e.g.

Кото́рый рома́н э́того а́втора вы чита́ете?	Which novel of that author are you reading?

The use of кото́рый as a relative pronoun (who, which, that, whose) requires special attention. When used as a relative pronoun, кото́рый reflects the number and gender of the word or words referred to in the main clause; its case, however, is determined by its grammatical function within its own clause, which is set off from the main clause by a comma or commas:

Э́тот челове́к, кото́рый чита́ет газе́ту, рабо́тает в библиоте́ке.	That man who is reading the newspaper works at the library.
Она́ чита́ет газе́ту, кото́рую я получи́л вчера́.	She is reading the newspaper which I received yesterday.
Он тепе́рь говори́т о студе́нте, о кото́ром я говори́л вчера́.	He is now talking about the student that I was talking about yesterday.
Я ви́дел э́того челове́ка, кото́рому вы написа́ли письмо́.	I saw that person to whom you wrote the letter.

Адвока́т, сестру́ кото́рого вы зна́ете, жил в Росси́и до войны́.

The lawyer, whose sister you know, lived in Russia before the war.

6.3 То́, что́ coordination

То́, что́ (n.b. this is the stressed что) is frequently used to link clauses. То́ functions in one clause and что́ in the other, and the case of each of these elements is determined by its grammatical function within its own clause. It may be useful at first to translate то́, что́ as 'that which.' The use of то́ is optional on occasion, and this optional form will be enclosed in parentheses: e.g. (того́). A comma or commas separate one clause from another.

То́, что́

То́, что́ он говори́т, о́чень интере́сно.

What he says is very interesting.

Он не знал (того́), о чём Ива́н говори́л.

He didn't know what John was talking about.

То́, что (n.b. unstressed что) also links clauses. The case of то́ is determined by its grammatical function within its own clause, whereas что remains unchanged because it is the connector 'that.' То́, что can be translated as 'the fact that.' In this construction the use of то́ may also be optional. A comma or commas separate the two clauses.

То́, что

То́, что он хорошо́ говори́т по-ру́сски, о́чень интере́сно.

The fact that he speaks Russian well is very interesting.

Он не знал (того́), что сего́дня Ива́н бу́дет чита́ть ле́кцию о фи́зике.

He didn't know that John would give a lecture today on physics.

You will encounter a number of other coordinating constructions. There should be little difficulty in translating most of them; however, special attention will be devoted later to some additional problems presented by coordinating constructions. See especially 10.4 (Some uses of чтобы) and 12.3 (Coordinating expressions of time).

6.4 The particles -то and -нибудь

The particles -то and -нибудь, when added to interrogative words, give special meaning to them:

a) A compound with -то indicates that the speaker has something in mind, even though he is unwilling or unable to identify it (questions and commands exclude the use of this compound):

Он что́-то писа́л.	He was writing something (I couldn't see what it was).
Он говори́л о ко́м-то.	He was talking about someone (I know who but I'm not going to tell, *or* I don't know who but it was someone specific).

b) A compound with -нибудь indicates indefiniteness, a choice between several possibilities, or that the speaker doesn't know.

Кто́-нибудь писа́л письмо́?	Was somebody/anybody at all writing a letter?
Он говори́л о чём-нибудь на собра́нии?	Did he talk about anything at all/something at the meeting?

6.5 The particle ли and English "whether, whether or not, if"

English "whether, whether or not, if" is rendered in Russian with the aid of the particle ли. Ли is normally the second element of the "whether" clause, the word preceding being the word which the question stresses. The verb of the "whether" clause has the same form as it had when it was originally posed as a question (see 2.8 and 4.11).

Вы зна́ете, отве́тит ли он на мой вопро́с?	Do you know whether (if) he will answer my question?
Cf. Отве́тит ли он на мой вопро́с?	Will he answer my question?
Ива́н хоте́л знать, интере́сна ли э́та кни́га.	John wanted to know whether (if) that book was interesting.
Cf. Интере́сна ли э́та кни́га?	Is that book interesting?

6.6 Masculine nouns in -а/-я

Certain nouns which end in -а/-я designate male persons: e.g. дя́дя uncle, diminutive forms like Ва́ня (= Ива́н), Ми́ша (= Михаи́л), Стёпа (= Степа́н) and so forth. Although their endings are those of feminine nouns, these nouns are grammatically masculine in gender, as can be seen from the masculine form of the modifiers and the verb in the following sentence:

Ва́ня говори́л о своём ста́ром дя́де.	Vanja was talking about his old uncle.

6.7 The preposition при

The preposition при (+ prep. case), which expresses a contiguous relationship, can be translated in a variety of ways: e.g. next to, attached to, with, accompanied by, in the presence of, during the time or reign of.

При до́ме был сад.	There was a garden next to the house.
Он э́то сказа́л при вас?	Did he say that in your presence?
При Линко́льне была́ война́.	During Lincoln's time there was war.

6.8 Third person plural of the verb with non-specified subject.

The third person plural of the verb with a non-specified subject can express an impersonal action. This form often can be translated as an English passive construction.

Говоря́т, что ру́сский язы́к тру́дный.	It is said (people say) that the Russian language is difficult.
Вчера́ Ива́на ви́дели в кино́.	John was seen at the movies yesterday.
Здесь говоря́т по-англи́йски.	English is spoken here.

6.9 A note on loan words

In this and preceding chapters we have seen a pattern emerge for the formation of a group of loan words — words "borrowed" by Russian from other languages, normally West European languages. They designate a specialist in a field (gender = masculine), the field itself (gender = feminine) and the adjective associated with it. Loan words of this type will no longer be listed in the vocabularies. The following examples include some words that have not occurred in the preceding lessons. Their meaning should be obvious.

физик	физика	физический
математик	математика	математический
критик	критика	критический
историк	история	исторический
биолог	биология	биологический
химик	химия	химический

EXERCISES

A. Russian-to-English translation practice

1. Я часто хожу медленно по этой дороге. 2. Его отец вчера полетел в Советский Союз. 3. Я часто вожу маленькую сестру в музей. 4. Мой дядя говорил по телефону о чём-то, когда Иван поехал на собрание, а Лиза поехала домой. 5. Её муж понесёт газету моему дяде. Какой он добрый! 6. Я полечу в Нью-Йорк на самолёте завтра, а отец туда поедет на поезде. 7. Так как Ивану пора было идти к доктору, я повёл Анну домой. 8. Этот студент всегда носит русский словарь на урок. 9. Её товарищ встретит Ваню или на концерте или в этом маленьком ресторане, в котором мы часто встречаем вас. 10. Этот автобус идёт в деревню, в которой я живу. Я часто езжу туда на автобусе. 11. Он всегда знал то, о чём я думала. 12. Знал ли Стёпа о том, что мой дядя когда-то встретил его сестру где-то в России до войны? 13. Мой маленький брат когда-то носил свой синий самолёт в школу. 14. Кто-нибудь получил письмо вчера? Я получил письмо от его жены, но мой друг Михаил ни от кого не получил письма. 15. В этой тёмной комнате Лиза читала статью в газете, когда кто-то вдруг открыл дверь. 16. Как вы думаете? Анна когда-нибудь работала в библиотеке? 17. «Кто-нибудь откроет дверь?» «Я её открою!» ответил Миша. 18. Он что-нибудь делал? Да, он нёс куда-то большую книгу об Америке при Вашингтоне. 19. Я не знаю, получил ли Иван мою статью о культурной революции. 20. Говорят, что мой отец когда-то написал историю России при Иване Третьем. Как это интересно. 21. Эта дорога ведёт куда-нибудь? Говорят, что эта дорога ведёт в деревню. 22. Анну видели где-нибудь в библиотеке? 23. Этот молодой человек так быстро объяснял нам,

почему́ он встре́тит Мари́ю в тако́м тёмном ме́сте, что о́чень тру́дно бы́ло понима́ть его́. 24. Что́ же ска́жет Степа́н, когда́ он полу́чит шесту́ю телегра́мму от Ли́зы? 25. Я не могу́ не сказа́ть вам, что нехорошо́ чита́ть таку́ю кни́гу.

B. 1. Make the proper T forms and Л forms of the verbs in parentheses. Translate.

1. Я (е́хать) в дере́вню.
2. Мы (идти́) домо́й.
3. Он (повести́) сестру́ в шко́лу.
4. Почему́ э́тот молодо́й челове́к (нести́) свое́й жене́ таку́ю кни́гу?
5. Куда́ э́тот изве́стный адвока́т (лете́ть)?
6. Мой брат всегда́ (е́здить) в Нью-Йо́рк на по́езде.
7. Вы (встре́тить) её в саду́?
8. Я уже́ не по́мню, (жить) ли он в Евро́пе.
9. Э́тот студе́нт (чита́ть) кни́гу, о кото́рой мы говори́ли вчера́.
10. Кто́ (откры́ть) дверь?
11. Вы когда́-нибудь (лета́ть) на самолёте?
12. Мы ча́сто (говори́ть) о том, что хорошо́ жить в большо́м го́роде.

2. Put the relative pronoun in parentheses in the proper case. Translate.

1. Челове́к, (кото́рый) сказа́л вам э́то, жил в Росси́и до войны́.
2. Он чита́ет кни́гу, (кото́рая) я получи́л вчера́.
3. Я ви́дел э́того адвока́та, (кото́рый) вы написа́ли письмо́.
4. Он тепе́рь говори́т о студе́нтке, о (кото́рая) мы говори́ли в библиоте́ке.
5. Инжене́р, сестру́ (кото́рый) вы зна́ете, рабо́тает в институ́те.
6. Мой брат, (кото́рый) вы встре́тили вчера́, ча́сто лета́ет в Москву́.

VOCABULARY

авто́бус	bus
Аме́рика	America
Ва́ня m.	Vanya (diminutive of Ivan)
где́-нибудь	somewhere, anywhere at all (§4)
где́-то	somewhere (§4)
дверь f.	door

добрый	good, kind, nice
домой	home(wards)
дядя m.	uncle (§6)
как	how, as
когда-нибудь	sometime (or other), at one time, anytime, ever (§4)
когда-то	once, at one time (§4)
который	who, which, that, whose, what
кто-нибудь	someone, anyone at all (§4)
кто-то	someone (§4)
куда-нибудь	somewhere, anywhere at all (§4)
куда-то	somewhere (§4)
культурный	cultural
маленький	little, small
Михаил	Michael
Миша m.	Misha (dimin. of Michael)
Нью-Йорк	New York
от (+ gen.)	from, away from
пбезд	train
при (+ prep.)	next to, at, in the presence of, during the time of (§7)
самолёт	airplane
Стёпа	Stepa (dimin. of Steven)
Степан	Steven
так	so, thus
так как	since, as
такой	such, of this kind
телеграмма	telegram
что-нибудь	something, anything at all (§4)
что-то	something (§4)
шестой	sixth

водить *indet.*	I	
вести (ведут; вёл) *det.*	I	lead (§1)
повести (поведут; повёл)	P	
встречать I		meet, encounter
встретить P		
делать I		do, make
сделать P		
ездить *indet.*	I	
ехать (едут) *det.*	I	go, ride (§1)
поехать (поедут)	P	
летать *indet.*	I	
лететь (летят) *det.*	I	fly
полететь (полетят)	P	

носи́ть   *indet.* ⎫
нести́ (несу́т; нёс,   ⎪ I ⎫
  несло́)   *det.*   ⎬   ⎬ carry (§1)
понести́ (понесу́т;   ⎪ P ⎭
  понёс, понесло́)   ⎭

открыва́ть   I ⎫
откры́ть (откро́ют) P ⎭ open, uncover, discover

получа́ть I ⎫
получи́ть P ⎭   get, receive

ходи́ть   *indet.* ⎫
идти́ (иду́т; шёл,   ⎪ I ⎫
  шло)   *det.*   ⎬   ⎬ go, walk (§1)
пойти́ (пойду́т; пошёл,   ⎪ P ⎭
  пошло́)   ⎭

LESSON VII

GRAMMAR

7.1 The instrumental case

The instrumental case functions to indicate means or agent. Some of its more important uses are given below:

    a) To denote the manner in which or the means or agent by which an action is performed:

Он говорил *громким голосом*.	He talked in a loud voice.

    b) With certain prepositions:

        за – behind, beyond; for (to fetch)

Они жили за *институтом*.	They lived behind the institute.
Он пошёл за *газетой*.	He went for the newspaper.

        над – over, above

Мой отец жил над *музеем*.	My father lived over the museum.

        под – below, under

Письмо там под *газетой*.	The letter is there under the newspaper.

        с[1] – accompanying, with

Иван говорил с *профессором*.	John was talking with the professor.

    c) As the complement of certain verbs, for example:

        i. with forms of the verb "be," except generally those that express present tense:

Он будет *богатым доктором*.	He will be a rich doctor.
Студентка была *умной*.	The student was intelligent.

Certain texts will preserve the older use of the nominative case for a predicate noun or adjective indicating an inherent unchanging state, and use of the instrumental case to indicate something temporary:

Его сестра была *брюнетка*.   His sister was a brunette (i.e. she was born with hair that color).

Мой отец был *физиком*.   My father was a physicist.

    ii. with other verbs whose meaning is synonymous with or close to "be," e.g. являться I (be); становиться I, стать P (become); казаться I, показаться P (seem to be) [see especially СЯ verbs, §7]:

Первым является наш институт.   Our institute is the leading one.

Иван стал *доктором*.   John became a doctor.

Эта книга мне кажется *интересной*.   That book seems interesting to me.

    iii. with verbs corresponding to English "drive," "control," "direct," "manage," e.g. править :

Кто правит *государством*?   Who is running the government?

   d) In further modifying or defining the direct object, for example, "to (verb) someone or something (acc. case) as follows (instr. case)":

Они назвали его *Иваном*.   They named him John.

7.2   The instrumental singular case endings of nouns

   a) Masculine and neuter nouns end in -ом or -ем in the singular.

   b) Feminine nouns in -а and -я, as well as и-stems, end in -ой or -ей. There is also a variant ending -ою (ею).

   c) Feminine nouns with a "zero" ending have the suffix -ью.

7.2

Nominative	Suffix	Instrumental
M. стóл писáтель музéй гéний N. письмó мóре здáние	ом - ем	столóм писáтелем музéем гéнием письмóм мóрем здáнием
F. газéта кни́га деревня истóрия	ой (ою) - ей (ею)	газéтой (газéтою) кни́гой (кни́гою) деревней (деревнею) истóрией (истóриею)
F. рóль	ью	рóлью

7.3 The instrumental singular case endings of adjectives

  a) Masculine and neuter adjectives end in -ым or -им.

  b) Feminine adjectives end in -ой or -ей (this ending is the same as the prepositional, genitive, and dative). There is also a variant ending -ою (ею).

Nominative	Suffix	Instrumental
M. нóвый молодóй дрéвний трéтий N. нóвое молодóе дрéвнее трéтье	ым - им	нóвым молоды́м дрéвним трéтьим

Nominative	Suffix	Instrumental
F. но́вая	ой (ою) -	но́вой (но́вою)
молода́я		молодо́й (молодо́ю)
дре́вняя	ей (ею)	дре́вней (дре́внею)
тре́тья		тре́тьей (тре́тьею)

7.4 The instrumental case forms and endings of pronouns

The instrumental case of the first and second person pronouns is as follows:

```
Nominative    я       ты       мы      вы
Instrumental  мной }  тобой }  нами    вами
              мною }  тобою }
```

Compare the instrumental case endings of the following demonstrative, possessive, possessive-interrogative, interrogative and 3rd person personal pronouns with the instrumental adjectival endings:

Nominative	Instrumental
M. and N. э́тот, э́то	э́тим
(то́т, то́)	(те́м!)
мо́й, мое́	мои́м
на́ш, на́ше	на́шим
че́й, чье́	чьи́м
кто́	ке́м
что́	че́м
о́н, оно́	и́м
F. э́та	э́той (э́тою)
моя́	мое́й (мое́ю)
на́ша	на́шей (на́шею)
чья́	чье́й (чье́ю)
она́	е́й (е́ю)

7.5 Instrumental time expressions

Many expressions denoting time of day and seasons of the year are in the instrumental case. Instrumentals of this type are now considered adverbs:

у́тром	in the morning	весно́й	in the spring
днём	during the day	ле́том	in the summer
ве́чером	in the evening	о́сенью	in the fall
но́чью	at night	зимо́й	in the winter

7.6 The reflexive pronoun "self"

The pronoun "self" refers back to the subject of the sentence. The subject will indicate how it should be translated (e.g. himself, herself, ourselves, etc.). This pronoun has no nominative case. It has three morphological forms, A. and G. себя́, P. and D. себе́, I. собо́й/собо́ю, which are the same for all genders and numbers. Compare these forms with those for я́ and ты́ (see p. 180 of the Appendix).

Мы́ ча́сто говори́м о себе́.	We often talk about ourselves.
Ива́н себя́ не зна́ет.	John doesn't know himself.
Что́ о́н но́сит с собо́й?	What is he carrying?

7.7 СЯ verbs

Some verbs occur with a suffix which is written -ся after a consonant, or which is written -сь after a vowel:[2] e.g. каза́ться I (показа́ться P) "seem, appear" (the Л form = каза́лся, каза́лось ...; the Т form = ка́жусь, ка́жешься, ка́жется, ка́жемся, ка́жетесь, ка́жутся). The one common feature of all ся verbs is their *intransitivity*. Thus, ся verbs never have a direct object, i.e. an accusative complement.

Verbs of this type fit into a number of categories of usage and meaning, some of which are given below.

a) Passive constructions (*imperf*. form only):[3]

Письмо́ пи́шется э́тим студе́нтом.	A letter is being written by that student.
Cf. Э́тот студе́нт пи́шет письмо́.	That student is writing a letter.

b) Reflexive action:

Ива́н бы́стро одева́ется.	John dresses himself quickly.
Cf. Ива́н одева́ет ма́ленького бра́та.	John is dressing his little brother.

c) Reciprocal action:

Мы встрéтились в университéте.	We met (one another) at the university.
Cf. Я встрéтил егó в университéте.	I met him at the university.

d) Simply intransitive in meaning (occurring either with no corresponding non-ся form, or as an intransitive verb derived from a transitive one):

Вáжным рýсским гóродом являéтся Москвá.	Moscow is an important Russian city.
Эта книга казáлась интерéсной.	That book seemed interesting.
Дверь открылась.	The door opened.
Cf. Ктó-то открыл дверь.	Someone opened the door.

e) Actions independent of the actor's will (the verb is neuter 3rd person singular; logical subject is in the dative; cf. "it" constructions, 5.10):

Мне не хотéлось спать.	I didn't feel like sleeping.

7.8 Word order with "be" or verbs close in meaning

Sentences containing a verb which means or is close in meaning to "be" frequently follow a particular word order:

COMPLEMENT	VERB	SUBJECT
Пéрвым в Россúи до войны	являлся	наш институт.

Everything following the verb usually comprises the subject of the sentence, and the words and phrases preceding the verb make up the verbal complement which normally begins with a word or phrase in the instrumental case.

7.9 The T form of -овать/-евать verbs

If a verb ends in -овать/-евать, the -ова-/-ева- normally is replaced with -у-/-ю- and 1st conjugation T-form endings are added to this truncated stem (i.e. the T-form stem for the verbs given below is совéту-, вою-, ночу-):

7.9

e.g.	советовать *advise*	воевать *be at war*	ночевать *spend the night*
	ова > у	ева > ю	ева > у⁴
я	советую	воюю	ночую
ты	советуешь	воюешь	ночуешь
он	советует	воюет	ночует
мы	советуем	воюем	ночуем
вы	советуете	воюете	ночуете
они	советуют	воюют	ночуют

The past tense is formed regularly, from the infinitive stem.

NOTES

1. The preposition с has the form со before certain consonant clusters: e.g. со студентом.
2. Historically this suffix is the old short form of the accusative case of the pronoun себя (§6).
3. Only the non-suffixed form of the verb will be given in the vocabulary if the СЯ suffix merely changes the verb from an active to a passive.
4. Note у (not ю) after ч.

EXERCISES

A. Russian-to-English translation practice

1. Очень интересный роман пишется моим другом. 2. Каждое утро моя сестра одевается, а потом она одевает нашего брата Николая. 3. Мы встречались с ним летом в этом ресторане за новым институтом физики. 4. Ему всегда спится на уроке. 5. Говорят, что человек думает главным образом о жизни, не о смерти. 6. Интересной книгой является «Моя родная земля». 7. Каждый день мы ездим в Бостон или автомобилем или поездом. 8. Они его назовут Иваном. 9. Мы иногда не знаем, кто правит государством. 10. Кажется, что эта женщина часто говорит о себе. 11. Мой отец живёт над этой фабрикой только зимой. 12. Чьей жене он даст это письмо? Он ничьей жене не даст его. 13. Мы скоро оденемся, и потом пойдём туда за газетой. 14. Что вы видите над своей головой? Над ней я ничего не вижу. 15. Громким голосом эта женщина в белом костюме стала мне объяснять, что она видела царя, когда она была молодой. 16. Отец правит своим домом. 17. Весной получили известие, что немецкий физик открыл новую планету. Я не помню, как он назвал её. 18. Я иногда

сплю днём; однако моему молодому брату я советую спать ночью. 19. С чьей сестрой вы встретились вчера вечером? Я ни с чьей сестрой не встретился. Я встретился с моим дядей. 20. Твой товарищ тогда казался умным; однако вчера вечером мне казалось, что трудно назвать его умным, так как он не знает, что луна спутник земли. 21. Когда Иван со своей женой поедет за город? Иван с ней осенью поедет за город. 22. Сегодня утром критик громким голосом говорил по телефону с американкой о шестой главе и о седьмой главе её книги о городе Вашингтоне и о Белом Доме. 23. Почему он хочет быть доктором? Потому что дядя был доктором, а ещё потому что брат доктор. А кем же вы будете? 24. Летом сестра этого молодого историка нам сказала, что он скоро станет богатым; и я тоже так думаю. 25. Я не знаю, дал ли уже мой брат начало своей статьи об Англии этому известному критику.

B. 1. Make the required forms of the verbs in parentheses. Translate.

    a. *T form*

      1. Кажется, что каждый день нам не _____ (хотеться) работать.
      2. Я очень хорошо _____ (спать) ночью.
      3. Отец мне _____ (советовать) стать физиком.
      4. Мы там часто _____ (встречаться).
      5. Его жена скоро _____ (стать) инженером.
      6. Утром я _____ (одеваться), _____ (идти) за газетой, _____ (читать) её, и потом _____ (ехать) в университет.

    b. *Л form*

      1. Чью книгу вы _____ (положить) туда под стол?
      2. Они часто _____ (говорить) о себе.
      3. Она когда-то _____ (жить) в маленькой деревне со старым отцом и сестрой.
      4. Весной муж со своей женой _____ (работать) над седьмой статьёй.
      5. Когда я _____ (явиться) в тот ресторан вчера вечером, я ни с кем не встретился.
      6. Когда ваш отец _____ (умереть)?

2. Complete each sentence by putting the words in brackets into the proper case. Translate.

1. Студе́нтка говори́ла с { мо́й бра́т. / ва́ша сестра́. / о́н. }

2. Во́т его́ письмо́ под { журна́л. / слова́рь. / газе́та. }

3. Мы́ за́втра встре́тимся с { изве́стный фи́зик. / она́. / э́та до́брая же́нщина. }

4. Она́ ско́ро ста́нет { писа́тельница. / до́ктор. / бога́тая. }

5. О́н с не́й встреча́ется { ле́то. / зима́. / о́сень. }

VOCABULARY

А́нглия	England
бе́лый	white
весна́	spring
ве́чер	evening
Босто́н	Boston
голова́	head
го́лос	voice
госуда́рство	state (political structure), country, nation
де́нь (-е)	day
же́нщина	woman
за (+ instr.)	behind, beyond; for (to fetch)
земля́	earth, land
зима́	winter
изве́стие	news
иногда́	sometimes
ка́ждый	each, every
костю́м	dress, suit
ле́то	summer
луна́	moon
над (+ instr.)	over, above
ниче́й, ничьё, ничья́	nobody's
но́чь f.	night
о́браз	shape, form; way, manner
гла́вным о́бразом	mainly, chiefly
одна́ко	however

о́сень f.	fall, autumn
плане́та	planet
под (+ instr.)	under, below
с (+ instr.)	with
себя́	self (§6)
седьмо́й	seventh
ско́ро	soon; quickly
то́лько	only
у́тро	morning
царь	tsar
встреча́ться I встре́титься P	meet, encounter
каза́ться (ка́жутся) I показа́ться (пока́жутся) P	seem, appear
называ́ть I назва́ть (назову́т) P	call, name
одева́ть (одева́ют) I оде́ть (оде́нут) P	dress
одева́ться (одева́ются) I оде́ться (оде́нутся) P	get dressed
пра́вить I	rule, govern; drive, steer
станови́ться I стать (ста́нут) P	become; begin (стать only)
явля́ться I яви́ться P	appear, present oneself; be (явля́ться only)
сове́товать I посове́товать P	advise (§9)
спать (спят) I	sleep

LESSON VIII

GRAMMAR

8.1 The plural case endings of nouns

a) The nominative plural suffix for most masculine and feminine nouns is -ы or -и:

M.	стол	*столы́*	F.	газе́та	*газе́ты*
	това́рищ	*това́рищи*		кни́га	*кни́ги*
	писа́тель	*писа́тели*		дере́вня	*дере́вни*
	музе́й	*музе́и*		исто́рия	*исто́рии*
	ге́ний	*ге́нии*		роль	*ро́ли*

The nominative plural suffix of most neuter nouns is -а or -я.

N.	письмо́	*пи́сьма*
	мо́ре	*моря́*
	зда́ние	*зда́ния*

b) Genitive plural endings exhibit the greatest variety. The endings are -ов or -ев, -ей, and "zero."

  i. The -ов or -ев ending is used with masculine nouns that end in a hard consonant (except -ж and -ш) or -й:

стол	*столо́в*
музе́й	*музе́ев*
ге́ний	*ге́ниев*

  ii. The -ей ending is used with all nouns (masculine and feminine) that have a "zero" ending in -ь; masculine nouns that end in -ж, -ч, -ш and -щ; and neuter nouns that end in a soft consonant letter plus e:

писа́тель	*писа́телей*
роль	*роле́й*
това́рищ	*това́рищей*
мо́ре	*море́й*

  iii. The "zero" suffix is used with most other feminine nouns, i.e. those in -а and -я; feminine and neuter и-stems; and neuter nouns in -о:[1]

	стол	гений	писатель	товарищ
			море	роль
Gen.	ов - ев		ей	
	столо́в	ге́ниев	писа́телей	това́рищей
			море́й	роле́й
	газе́та	исто́рия	письмо́	дере́вня	зда́ние
Gen.	"zero"				
	газе́т	исто́рий	пи́сем	дереве́нь	зда́ний

c) The accusative plural endings of all animate nouns (masculine, feminine and neuter) are the same as the genitive endings. The accusative plural endings of all other nouns are like the nominative endings.

d) The prepositional plural ending for all nouns is -ax or -ях; the dative plural is -ам or -ям; and for most nouns the instrumental plural ending is -ами or -ями:

	стол	писатель	музей
Prep.	*стола́х*	*писа́телях*	*музе́ях*
Dat.	*стола́м*	*писа́телям*	*музе́ям*
Instr.	*стола́ми*	*писа́телями*	*музе́ями*

Exceptions to the above description will be discussed in Lesson IX.

8.2 The plural case endings of adjectives

Adjectives have one set of plural endings, spelled with the appropriate hard or soft vowel letters:

Case	Suffix				
Nom.	ые-ие-и	нóвые	рýсские	дрéвние	трéтьи²
Acc.	= Nominative or Genitive				
Gen., Prep.	ых-их	нóвых	рýсских	дрéвних	трéтьих
Dat.	ым-им	нóвым	рýсским	дрéвним	трéтьим
Instr.	ыми-ими	нóвыми	рýсскими	дрéвними	трéтьими

8.3 The plural case endings and forms of pronouns

Compare the plural endings of the following demonstrative, possessive, possessive-interrogative and third person personal pronouns with those of the adjectives:

Nom.	э́ти	те́	мои́	на́ши	чьи́	они́
Acc.	= Nominative or Genitive					их
Gen., Prep.	э́тих	тех	мои́х	на́ших	чьи́х	их
Dat.	э́тим	тем	мои́м	на́шим	чьи́м	им
Instr.	э́тими	те́ми	мои́ми	на́шими	чьи́ми	и́ми

8.4 Participles

Russian participles, verbal adjectives, are encountered primarily in the written language. They combine verbal meaning with adjectival grammar in function and form. They agree in case, gender and number if the modified word is singular, and in case and number if it is plural. Dictionaries rarely include an entry for a participial form. The basic meaning of a participle must be deduced from the verb from which it is formed.

Participles, like verbs, are characterized by tense, voice, and aspect. There are four participial forms: present active, past active, present passive, and past passive.

Participial clauses replace "котóрый" clauses (6.2). Like the "котóрый" clause, the participial clause is set off from the rest of the sentence by a comma or commas if it is in the same position as the "котóрый" clause, that is if it follows the noun which it modifies.

Translating participial clauses can present some difficulty for the beginner. As a general rule, if the clause containing the participle precedes the word or words which it modifies (the typical position for adjectives), then translate the entire clause after the modified word or words. This clause normally includes the participle and all of the words between it and the modified word or words. The participial clause is then in the same position as a "кото́рый" clause. For example:

Же́нщина, *кото́рая закрыва́ет дверь*, жена́ моего́ бра́та.
        "кото́рый" clause

Закрыва́ющая дверь же́нщина жена́ моего́ бра́та.
 participial clause

The woman who is closing the door is the wife of my brother.

Студе́нты, *кото́рые отве́тили на мои́ вопро́сы*, по́няли уро́к.
         "кото́рый" clause

Отве́тившие на мои́ вопро́сы студе́нты по́няли уро́к.
 participial clause

The students who answered my questions understood the lesson.

Some participial forms are entered in dictionaries as participles, adjectives, and nouns: for example, бы́вший past active participle "who/which was," бы́вший adjective "former, ex-;" бу́дущий present active participle "who/which will be," бу́дущий adjective "future; next" (Lesson XII): бу́дущее noun "the future."

8.5 Active participles

Present and past active participles with few exceptions can be characterized as follows:

A. Present active participles

    Feature: ущ (ющ)   (plus appropriate adjectival
             ящ (ащ)   endings)

    Aspect: Imperfective

    Translation: Who [which] { is _____ing
                             _____s

    Formation: ущ (ющ) is added to the T-form stem
            of 1st conjugation verbs; ящ (ащ) is
            added to the T-form stem of 2nd conjugation verbs.

получа́ть	получа́ют	получа́ющий
писа́ть	пи́шут	пи́шущий
нести́	несу́т	несу́щий
говори́ть	говоря́т	говоря́щий

Студе́нт, всегда́ получа́ющий пи́сьма, рабо́тает на фа́брике.
  or
Всегда́ получа́ющий пи́сьма студе́нт рабо́тает на фа́брике.

Cf. Студе́нт, кото́рый всегда́ получа́ет пи́сьма, рабо́тает на фа́брике.
 The student who is always receiving letters works at the factory.

Я ви́дел студе́нтку, всегда́ получа́ющую пи́сьма.
  or
Я ви́дел всегда́ получа́ющую пи́сьма студе́нтку.

Cf. Я ви́дел студе́нтку, кото́рая всегда́ получа́ет пи́сьма.
 I saw the student who is always receiving letters.

B. Past active participles

 Feature: [В]Ш (plus appropriate adjectival endings)

 Aspect: Imperfective and perfective

 Translation: Who [which] $\begin{cases} \text{was, were \_\_\_\_ing} \\ \text{used to \_\_\_\_} \\ \text{have, has, had \_\_\_\_ed} \end{cases}$

 Formation: a) ВШ occurs with Л-form stems which end in a vowel (2.2). It is added to the stem-final vowel.

     b) Ш occurs with Л-form stems which end in a consonant (5.1). Ш is added to the final consonant of the masculine singular Л form, unless the Т-form stem ends in д, т or б; in that case Ш is added directly to this consonant.[3] Note that the stem шед- is used with идти́ and its compounds.

a)	получа́ть	получа́л	получа́вший
b)	нести́	нёс	нёсший
	привы́кнуть	привы́к	привы́кший
	умере́ть	у́мер	у́мерший
	вести́	веду́т	ве́дший
	идти́	cf. шёл	ше́дший

Студе́нт, всегда́ получа́вший пи́сьма, рабо́тал на фа́брике.

or

Всегда́ получа́вший пи́сьма студе́нт рабо́тал на фа́брике.

Cf. Студе́нт, кото́рый всегда́ получа́л пи́сьма, рабо́тал на фа́брике.
The student who always received letters worked at the factory.

Я ви́дел студе́нтку, получи́вшую письмо́.

or

Я ви́дел получи́вшую письмо́ студе́нтку.

Cf. Я ви́дел студе́нтку, кото́рая получи́ла письмо́.
I saw the student who received the letter.

If an active participle is derived from a ся verb, the suffix -ся, not -сь, occurs with all of the forms: e.g. встреча́ющийся, встре́тившемуся.

8.6 Passive participles

The following description of present and past passive participles covers most situations. Passive participles, like certain adjectives, can have short as well as long forms. The long form is presented below. See §7 for a discussion of the short form.

A. Present passive participles

Feature: ем[4] (plus appropriate adjectival
        им   endings)

Aspect: Imperfective

Translation: Who [which] is, are $\begin{cases} \underline{\quad}\text{ed} \\ \overline{\text{being}\underline{\quad}\text{ed}} \end{cases}$

Formation: a) ем is added directly to the infinitive stem of -авать verbs.
b) Otherwise ем is added to the T-form stem of 1st conjugation verbs; and им to the T-form stem of 2nd conjugation verbs.

a) дава́ть   дава́емый
b) чита́ть   чита́ют   чита́емый
    ви́деть   ви́дят   ви́димый

8.6

Книги, читаемые этим студентом, интересные.
   or
Читаемые этим студентом книги интересные.
Cf. Книги, которые этот студент читает, интересные.
   The books which are read by that student are interesting.

Я не понимаю книг, читаемых этой студенткой.
   or
Я не понимаю читаемых этой студенткой книг.
Cf. Я не понимаю книг, которые эта студентка читает.
   I don't understand the books which are read by that student.

B. Past passive participles

   Feature: T (plus appropriate adjectival endings)
              or
           [E]H (plus the adjectival formant н and appropriate adjectival endings)

   Aspect: Perfective (imperfective rare)

   Translation: Who [which] $\begin{cases} \text{was, were, used to be \_\_\_\_ed} \\ \text{have, has, had been \_\_\_\_ed} \end{cases}$

   Formation: a) T is added (i) to the Л-form stem of -ать/-ять verbs with a T-form stem ending in -н or -м; (ii) monosyllabic -еть, -ить, -ыть, -уть verbs and their compounds; (iii) verbs which end in -оть, -ереть and those -нуть verbs which do not have a consonantal Л-form stem.

   b) EH is added (i) to the T-form stem of all other -ить verbs (with softening of the stem-final consonant according to the pattern in 5.3); (ii) to the T-form stem final д or т of verbs with consonantal Л-form stems; and (iii) to the final consonant of other consonantal Л-form stems (к > ч, г > ж), including those -нуть verbs which have consonantal Л-form stems (with softening of the stem final consonant according to the pattern in 5.3).

c) Н is added to the Л-form stem of other verbs in -ать/-ять and most others in -еть.

a) (i) начáть   нáчатый
 (ii) откры́ть   откры́тый
 (iii) обманýть   обманýл   обмáнутый   *deceived*

b) (i) встрéтить   встрéченный
 (ii) вести́   ведýт   ведённый
 (iii) нести́   нёс   несённый
   отвлéчь   отвлёк   отвлечённый   *distracted*
   свéргнуть   сверг   свéрженный   *overthrown*

c) написáть   напи́санный
   уви́деть   уви́денный

Письмó, полýченное студéнтом, интерéсное.

    or

Полýченное студéнтом письмó интерéсное.

 Cf. Письмó, котóрое студéнт получи́л, интерéсное.
    The letter which was received by the student is interesting.

Я никогдá не ви́дел письмá, полýченного студéнтом.

    or

Я никогдá не ви́дел полýченного студéнтом письмá.

 Cf. Я никогдá не ви́дел письмá, котóрое получи́л студéнт.
    I never saw the letter which was received by the student.

Certain long participial forms, like some adjectival forms, function syntactically as nouns. For example

 Говоря́щие с нáми — рýсские.   The people talking with us are Russians.

 Трýдно понимáть неви́димое.   It is difficult to understand something that is invisible.

8.7 The short form of the passive participle

Passive participles, like adjectives (5.9) have both long and short forms. The short form of the passive participle, like the short form of the adjective, functions as a predicate. It agrees in gender with a singular subject, and in number with a plural subject. The singular gender designators "zero," -о and -а, and the plural designator -ы are added directly to the ем and им, and т and [е]н participial suffixes:

получа́ем, получа́емо, получа́ема, получа́емы
на́чат, на́чато, на́чата, на́чаты
полу́чен, полу́чено, полу́чена, полу́чены

Note how the different forms of "be" affect the translation of the past passive short forms.

Это ме́сто за́нято.	This place is/has been occupied.
Кни́га была́ прочи́тана.	The book was/had been read.
Письмо́ ско́ро бу́дет напи́сано.	The letter soon will be written.

The short form of the present passive participle is seldom used.

8.8 Summary of long and short participial forms

	Present	Past
Active	УЩ (ЮЩ), ЯЩ (АЩ) who [which] is ___ing / ___s получа́ющий, говоря́щий	[В]Ш who [which] was, were ___ing / used to ___ / have, has, had ___ed получа́вший, нёсший

	Present	Past
Passive	ЕМ, ИМ who [which] is, are { ___ed / being ___ed } получа́емый, ви́димый получа́ем, ви́дим	Т, Е[Н] who [which] { was, were, used to be ___ed / have, has, had been ___ed } на́чатый, полу́ченный на́чат, полу́чен

8.9 Passive constructions

Those Russian constructions which are best translated into English as passive expressions are summarized below:

a) The ся form of certain imperfective verbs (7.7)
    e.g. Эта кни́га чита́ется Ива́ном.
        That book is being read by John.
  Cf. Ива́н чита́ет э́ту кни́гу.
        John is reading that book.

b) The 3rd person plural of a verb with a non-specified subject (6.8)
    e.g. Э́ту кни́гу чита́ют в кла́ссе.
        That book is being read/is read in class.

c) The short form of the passive participle
    e.g. Э́та кни́га прочи́тана Ива́ном.
        That book has been read by John.

8.10 Neuter и-stem verbal nouns

A large number of neuter и-stem nouns are derived from verbs. These nouns describe the verbal action or its result, or both.

Verbal nouns are formed with the suffixes -тие and -[е]ние in the same way that past passive participles are formed.

8.10

The following is a list of neuter и-stem nouns derived from verbs already familiar to you:

- -тие открытие (< открыть) opening, discovery
  занятие (< занять) occupation, work
- -ние видение (< видеть) apparition, vision
  знание (< знать) knowledge
- -ение объяснение (< объяснить) explanation
  явление (< явить) appearance, occurrence

8.11 A note on commas

By now it should be apparent that the comma is often used in a Russian sentence where it would normally not be used in English.

One frequent function is to isolate parenthetical expressions like может быть "perhaps" from the rest of the sentence. In this instance commas signal that one should look elsewhere for the main verb of the sentence or clause:

Он, может быть, это сделал.   Perhaps he did that.
Cf. Он может это сделать.   He can do that.

Another function of the comma which you have already encountered with regularity is that of distinguishing clauses that have been joined to make compound or complex sentences. For example:

1) Я не знаю, где он живёт.   I don't know where he lives.

   Cf. a) Где он живёт?   Where does he live?
      b) Я не знаю.   I don't know.

2) Вы знаете, ответит ли он на мой вопрос?   Do you know if he will answer my question?

   Cf. a) Вы знаете?   Do you know?
      b) Ответит ли он на мой вопрос?   Will he answer my question?

See 6.5 on the particle ли and English "whether, whether or not, if."

3) Этот человек, который громко говорит, работает в музее.   That man who is talking loudly works in the museum.

   Cf. a) Этот человек работает в музее.   That man works in the museum.
      b) Этот человек говорит громко.   That man is talking loudly.

Note that sentences 2a and 2b share the same subject
э́тот челове́к. In joining these two sentences the
subject of 2b is replaced by кото́рый, and the limits
of the кото́рый clause are defined by commas. See
6.2 on the relative pronoun кото́рый.

4) Он не знал того́, о чём   He didn't know what John
   Ива́н говори́л.   was talking about.

  Cf. a) Он не знал того́.   He didn't know that.
     b) Ива́н говори́л о   John was talking about
        том.   that.

A form of то́ comprises the verbal complements of both
4a and 4b. When these two sentences are joined the
"то́" of 4b (о том) is replaced by что (о чём) which
can function as a relative pronoun (cf. кото́рый). See
also 6.3 on то́-что́ coordination.

   Note also the use of commas with participial
constructions that follow the noun modified:

Студе́нт, всегда́ получа́-   The student who always
  ющий пи́сьма, рабо́тает   gets letters works in
  в музе́е.   a museum.

  Cf. a) Студе́нт рабо́тает   The student works in a
       в музе́е.   museum.
     b) Студе́нт всегда́   The student always gets
       получа́ет пи́сьма.   letters.

In this example the sentence which has been converted
to the participial construction has its limits defined, like a clause, by commas. See 8.4-8.6 on participles.

   In the chapters which follow you will encounter
many additional similar examples of comma usage.

NOTES

1. If the genitive plural "zero" suffix causes a word
   to end in two or more stem-final consonants that
   form an unpermissible cluster, then either "e" or
   "o" occurs before the last consonant. This vowel
   will be noted in the vocabulary in the following
   way: дере́вня (+e), письмо́ (+e), де́вушка (+e),
   не́мка (+o).
2. Note that the nominative plural form ends in a
   single letter "и."
3. Д, т (or б) before -ти́ (-ть) becomes с.
4. A few verbs with hard T-form stems (e.g. вести́
   (веду́т)) have the suffix -ом- (ве́домый).

EXERCISES

A. 1. Russian-to-English translation practice

1. Почему этот адвокат всегда помогает богатым женщинам? 2. Академия наук в Союзе Советских Социалистических Республик (СССР) нам стала очень хорошо известной. 3. Открытия этих немецких учёных уже не являются очень важными. 4. Закрывающая дверь женщина в зелёном с белым костюме жена этого учёного. 5. Когда эта девушка стояла там и ждала автобус, кто-то взял её книги и пишущую машинку*. 6. Эти студентки, ответившие на вопросы учителя, конечно хорошо поняли вчерашний и сегодняшний уроки о центральной Азии. 7. Мне кажется, что задачи, решаемые этими студентами, трудны. 8. Я не знаю, читал ли Борис письма, полученные женой. 9. Возьмёте ли вы с собой эту новую книгу об истории наук в Соединённых Штатах Америки (США)? По-моему, только седьмая и восьмая главы из неё интересные. 10. Лиза никогда не открывала и читала писем, полученных братом; но часто бывало, что она открывала и читала письма своего бывшего мужа. 11. Мой брат хотел занять это место, но красивая девушка сказала, что место уже занято. 12. Дверь была закрыта, в комнате было темно, и там в этой комнате жена ждала мужа. 13. Учитель медленно закрывал дверь, когда кто-то громко сказал, что снег идёт. 14. Ночью наших знакомых почти никогда не видят в тех местах, где Борис часто ждёт Лизу. 15. Вы знакомы с его статьёй на французском языке о странах Европы? Я ещё не читал её. 16. Кто из вас помог этому немцу? 17. Погода здесь почти всегда приятная летом, но зимой иногда бывает плохая. 18. Сегодня утром в классе мы начнём решать восьмую задачу из нашей книги по естественным наукам. 19. В моей родной стране бывает, что дождь идёт весной и осенью, а зимой идёт снег. 20. Учительница думала, что Иван скоро решит эти задачи для неё; однако, он вдруг сказал, что ему пора идти. Как это странно! 21. Когда началась война, мой дядя умер естественной смертью дома. 22. Вчера погода была плохой, но может быть сегодня она будет приятной. Сегодня открытие нового музея. 23. Когда пошёл дождь, я начал заниматься немецким языком. 24. Я не могу не делать этого для неё. Мне приятно помогать ей, так как она такая добрая. 25. Чем занимается в университете эта немка в зелёном с синим костюме? Древней или современной историей?

*машинка diminutive form of машина *machine*.

2. Translate the following passage. Try to guess the meaning of those Russian words which are similar to English ones or which share the same root with words that you already know the meaning of.

О демокра́тии (On Democracy)

Демокра́тия — фо́рма госуда́рства. Демокра́тия — диктату́ра[1] того́ и́ли ино́го[2] кла́сса.

В дре́внем ми́ре[3] была́ демокра́тия рабовладе́льческая[4], то́ е́сть госуда́рство, кото́рое эксплуати́ровало ра́бов[5]. Приме́ром[6] её бы́ли древнегре́ческие[7] госуда́рства. Э́то была́ демокра́тия меньшинства́[8]. Ра́бы и же́нщины бы́ли лишены́[9] свои́х пра́в[10]. Пото́м была́ феода́льная демокра́тия, городски́е комму́ны средневеко́вья[11]; пото́м буржуа́зная демокра́тия, т. е. (то-есть), капиталисти́ческая демокра́тия. При капитали́зме не́ было, нет, и не мо́жет бы́ть уча́стия[12] эксплуати́руемых в управле́нии[13] госуда́рством. Прави́тельства[14] в капиталисти́ческих стра́нах форми́руются миллионе́рами.

Но при социали́зме, при сове́тской демокра́тии, в СССР не та́к. Мы́ ви́дим что, где́ коммуни́зм, та́м по́длинная[15] демокра́тия. Ликвиди́руется безрабо́тица, и перед[16] ка́ждым челове́ком открыва́ются все́[17] бла́га[18] материа́льной и культу́рной жи́зни.

                        Adapted from
                        Больша́я Сове́тская Энциклопе́дия,
                                                  1956

1. диктату́ра   dictatorship
2. то́т и́ли ино́й   one or another
3. ми́р   world
4. рабовладе́льческий   slave-owners'
5. ра́б   slave
6. приме́р   example
7. древнегре́ческий   ancient Greek
8. меньшинство́   minority
9. лиши́ть Р   deprive
10. пра́во   right
11. средневеко́вье   the Middle Ages
12. уча́стие   participation (see 9.5 for use of gen. case)
13. управле́ние + instr.   government, management of
14. прави́тельство   government, governing body
15. по́длинный   real
16. перед + instr.   before, in front of
17. все́   all (nom. pl. modifier; see 9.8)
18. бла́го   blessing

B. 1. Put the words in parentheses into the plural and required case. Translate.

1. На столе́ бы́ли (письмо́) и (кни́га).
2. (Э́тот сове́тский инжене́р) ча́сто быва́ли в Соединённых Шта́тах Аме́рики (США).
3. Я не ви́жу ни (ру́сская кни́га) ни (ру́сский журна́л).
4. Я ча́сто получа́л (газе́та) и (письмо́) из А́нглии.
5. Учи́тель спроси́л (студе́нт) и (студе́нтка) об э́том.
6. Я получа́ю (интере́сное письмо́) от (мой студе́нт).
7. Моя́ сестра́ говори́ла об (откры́тие) э́того неме́цкого учёного.
8. Мой брат ча́сто писа́л пи́сьма (краси́вая францу́зская де́вушка).
9. Кто пойдёт за (газе́та)?
10. Фи́зика и матема́тика ста́ли о́чень (ва́жная нау́ка) в (наш университе́т).

2. Rewrite the sentences, replacing each participle with the corresponding кото́рый clause. Translate. What kind of participle did you replace with a кото́рый clause?

1. Студе́нтки, *отве́тившие* на мои́ вопро́сы, коне́чно хорошо́ по́няли уро́к.
2. Э́ти сове́тские учёные, *занима́вшиеся* англи́йским языко́м, пое́дут в Соединённые Шта́ты Аме́рики (США).
3. Кри́тик, *помога́ющий* э́той молодо́й писа́тельнице, сказа́л вчера́ ве́чером, что нача́ло её расска́за о́чень стра́нное.
4. Они́ говори́ли о пи́сьмах, *полу́ченных* его́ сестро́й.
5. Кто-то стоя́л за *закры́той* ва́ми две́рью.

VOCABULARY

А́зия	Asia
акаде́мия	academy
бы́вший	former, ex-
восьмо́й	eighth
вчера́шний	yesterday's
де́вушка(+e)¹	girl
для (+ gen.)	for, for the sake of
дождь	rain
есте́ственный	natural
зада́ча	problem, task

зелёный	green
знакомый	acquainted, familiar; acquaintance
из (+ gen.)	out of, from
красивый	pretty
наука	science
немец (-е), немка (+о)[1]	a German
открытие	opening, discovery
плохой	bad
погода	weather
почти	almost
приятный	pleasant
республика	republic
сегодняшний	today's
снег (в/на снегу)	snow (cf. 2.4)
Соединённые Штаты Америки (США)	United States of America (USA)
соединённый	united
Союз Советских Социалистических Республик (СССР)	Union of Soviet Socialist Republics (USSR)
страна	country
странный	strange
учёный	scholar, scientist; scholarly, scientific
учитель, учительница	teacher
французский	French
центральный	central
брать (берут) I взять (возьмут) P	take
бывать I	be frequently, repeatedly, habitually; happen, occur
ждать (ждут) I подождать (подождут) P	+ acc. or gen. wait for, expect
закрывать I закрыть (закроют) P	shut, close
занимать I занять (займут) P	occupy, take up
заниматься I заняться (займутся) P	+ instr. be engaged in, occupy oneself with, study
начинать I начать (начнут) P	begin, start (transitive)
начинаться I начаться (начнутся) P	begin, start (intransitive)

[1] See note 1 to 8.1, iii.

помогáть   I ⎫
помóчь (помогý, помóжешь,   P ⎬ + dat.   help
   помóжет, помóжем,   ⎪
   помóжете, помóгут;   ⎪
   помóг, помоглó)   ⎭

решáть   I ⎫
решúть   P ⎭   decide, solve

LESSON IX

GRAMMAR

9.1 Gerunds

Russian gerunds, verbal adverbs, like participles, have verbal meaning. Unlike participles, however, gerunds are uninflected forms. They express an action which is in secondary relationship to the main verbal action, both actions being performed by the same subject. Since dictionaries do not normally include entries for gerunds, their meaning must be deduced from the verbs from which they are derived.

We can describe two types of gerunds, based on aspect. One type is derived from imperfective verbs and denotes action that is concurrent with the verbal action in the main clause. (Remember that the possibility of simultaneous action is a feature of verbs of the imperfective aspect.) The other type is formed normally from perfective verbs and denotes action that is brought to completion prior to the main verbal action, or completed action that accompanies the main action.

Gerunds are encountered in both the written and the spoken language.

A. Imperfective gerund (coincident action)

    Feature: Я (a)

    Translation: While ____ing

    Formation: a) Verbs with an infinitive form ending in -авать add the suffix to the infinitive stem.
                    b) Otherwise the suffix is added to the T-form stem.

a) давáть		давáя	
b) читáть	читáют	читáя	
говорѝть	говоря́т	говоря́	
совéтовать	совéтуют	совéтуя	
нестѝ	несýт	неся́	
лежáть	лежáт	лёжа	*lying*

Рабóтая на фáбрике, Ивáн мнóго дýмает.   While working at the factory John thinks a lot.

| Рабо́тая на фа́брике, Ива́н мно́го ду́мал. | While working at the factory, John thought a lot. |
| Рабо́тая на фа́брике, Ива́н мно́го бу́дет ду́мать. | While working at the factory, John will think a lot. |

B. Perfective gerund (prior action or completed accessory action)

    Feature: В or [В]ШИ, and Я

    Translation: After having ____ed, after ____ing

    Formation: Like that of the past active participle (8.5).
   a) В or ВШИ occurs with Л-form stems which end in a vowel (2.2). It is added to the stem-final vowel.
   b) ШИ occurs with Л-form stems which end in a consonant (5.1). ШИ is added to the final consonant of the masculine singular Л form, unless the T-form stem ends in д, т or б; in that case ши is added directly to this consonant.[2] Note that the stem шед- is used with идти́ and its compounds.
   c) The variant form Я, as well as ШИ, occurs with certain consonantal Л-form stems, in particular with prefixed forms of идти́ and вести́. Я is added to the stem-final д or т of the T form. There is no differentiation in meaning between perfective gerunds in я and ши.

a)	получи́ть	получи́л	получи́в	(получи́вши)
	написа́ть	написа́л	написа́в	(написа́вши)
b)	внести́	внёс	внёсши	*having brought in*
	повести́	поведу́т	поведши	
	войти́ Cf.	вошёл	воше́дши	*having entered*
c)	войти́	войду́т	войдя́	*having entered*

| Получи́в письмо́, он занима́ется. | After receiving the letter, he is studying. |
| Получи́в письмо́, он занима́лся. | After receiving the letter, he studied. |

| Получи́в письмо́, он бу́дет заниматься. | After receiving the letter, he will study. |
| Воше́дши/Войдя́ в ко́мнату, Ива́н уви́дел мать. | After entering the room, John saw his mother. |

| SUMMARY OF GERUNDS ||
Imperfective	Perfective
Я/а while ____ing получа́я, лёжа	В, [В]ШИ, Я after { having ____ed { ____ing получи́в, получи́вши воше́дши, войдя́

9.2 The plural case endings of nouns (continued)

   a) The nominative plural suffix of some masculine nouns is -а or -я, which is always stressed. The rest of the declension follows the pattern described in Lesson VIII.

     Nom. sing.   Nom. pl.
   - бе́рег — *берега́*
   - го́лос — *голоса́*
   - го́род — *города́*
   - дом — *дома́*
   - до́ктор — *доктора́*
   - профе́ссор — *профессора́*
   - край — *края́*

   b) Certain masculine and neuter nouns have a hard stem in the singular and a soft stem ending in -ь throughout the plural. A few nouns of this type also have a plural stem expanded by -ов-. Note that the genitive plural is -ов if the plural suffixes are not stressed, and -ей[3] if the plural suffixes are stressed. The other cases are predictable.

9.2

Nom. sing.	Nom. pl.
	(unstressed suffix)
i. бра́т	бра́тья (N), бра́тьев (A, G), бра́тьях (P), etc.
перо́	пе́рья (N, A), пе́рьев (G), пе́рьях (P), ...
	(stressed suffix)
ii. дру́г	друзья́ (N), друзе́й (A, G), друзья́х (P), ...
му́ж	мужья́ (N), муже́й (A, G), мужья́х (P), ...
iii. сы́н	сыновья́ (N), сынове́й (A, G), сыновья́х (P), ...

c) Certain masculine nouns with singular stems ending in -ин lack this suffix in the plural. The nominative plural ends in -е or -а, the genitive plural is "zero," and the other case endings are regular.

Nom. sing.	Nom. pl.
	(nom. in -е)
i. англича́нин	англича́не (N), англича́н (A, G), англича́нах (P), ...
граждани́н	гра́ждане (N), гра́ждан (A, G), гра́жданах (P), ...
	(nom. in -а)
ii. господи́н	господа́ (N), госпо́д (A, G), господа́х (P), ...

d) A few masculine nouns ending in -онок or -ёнок in the singular have plural stems in -ат- or -ят-. The nominative plural has the suffix -а, the genitive plural has a "zero" suffix, and the rest of the declension is predictable. Nouns of this type denote young living beings.

Nom. sing.	Nom. pl.
волчо́нок *wolf cub*	волча́та (N), волча́т (A, G), волча́тах (P), ...
ребёнок *child*	ребя́та (N), ребя́т (A, G), ребя́тах (P), ... *lads, fellows*

e) The nouns де́ти children (the normal plural for ребёнок) and лю́ди people (the normal plural for челове́к) are declined in a similar way:

де́ти (N), дете́й (A, G), де́тях (P), де́тям (D), детьми́ (I) лю́ди (N), люде́й (A, G), лю́дях (P), лю́дям (D), людьми́ (I)

9.3 Necessity or compulsion

a) There are a number of neuter impersonal expressions or "it" constructions (see 5.10) that convey the meaning of necessity or compulsion:

ну́жно   necessary, must, ought, have to (outside force)

Ему́ *ну́жно* сде́лать э́то.	He needs to do that.
Э́ту кни́гу *ну́жно* чита́ть.	This book must be read.
Мне́ *ну́жно* бы́ло писа́ть э́то.	It was necessary for me to write this.

на́до   necessary, must, ought, have to (inner force)

Ему́ *на́до* сде́лать э́то.	He needs to do that.
Э́ту кни́гу *на́до* чита́ть.	This book must be read.
Мне́ *на́до* бы́ло писа́ть э́то.	It was necessary for me to write this.

прихо́дится, приходи́лось, придётся, пришло́сь   have to, must (absolute necessity, unavoidable)

Мне́ *пришло́сь* сде́лать э́то.	I had to do that.
Ему́ *придётся* прийти́.	He will have to come.
Ва́м *прихо́дится* чита́ть все́ э́ти кни́ги.	You have to read all these books.

b) The following short adjectival forms also are used to express necessity or compulsion. Note that these short forms are in grammatical agreement with subjects in the nominative case.

до́лжен, должно́, должна́, должны́   ought, must, have to (obligation or moral compulsion from within)

О́н *до́лжен* рабо́тать.	He must work.
Я́ *до́лжен* бы́л чита́ть э́то.	I had to read it.
Она́ *должна́* бы́ть зде́сь.	She ought to be here.

Note the expression должно́ быть meaning 'probably,' 'must have:'

О́н, *должно́ быть*, э́то сде́лал.	He probably did/must have done that.

нужен, нужно, нужна, нужны — need, be necessary

Этот роман ему *нужен*.	He needs this novel (this novel is necessary for him).
Эта книга ей *нужна* будет завтра?	Will she need this book tomorrow?
Ивану *нужно* было моё перо.	John needed my pen.

9.4 Quantitative words

When the forms много, мало, сколько, несколько serve as nominative or accusative neuter expressions of number, they have complements in the genitive plural, or genitive singular when a noun is a "mass" word like "work," "water" (i.e. a word that stands for something that cannot be counted):

Много студентов в нашем университете.	There are many students at our university.
Анна вчера получала *несколько* интересных писем.	Yesterday Anna received several interesting letters.
В институте было *много* работы.	In the institute there was a lot of work to do.

When a case other than the nominative or accusative is required, the long adjectival form of these quantitative words is used.

Я получаю письма от *многих* студенток.	I receive letters from many students.
Я говорила с *несколькими* русскими студентами.	I talked with several Russian students.

Certain quantitative words can also be used adverbially:

Он *много* (*мало*) писал.	He wrote a lot (little).

9.5 The assertion of existence, and the denial of existence with нет, не будет, не было plus genitive

The existence of something can be expressed in Russian as follows:

Present

Здесь éсть { до́м. / кни́га. / перо́. / кни́га и перо́. }   There is a house (a book, a pen, a book and a pen) here.

Future

Здесь { бу́дет { до́м. / кни́га. / перо́. } / бу́дут кни́га и перо́. }   There will be a house (a book, a pen, a book and a pen) here.

Past

Здесь { бы́л до́м. / была́ кни́га. / бы́ло перо́. / бы́ли кни́га и перо́. }   There was a house (a book, a pen, a book and a pen) here.

In the above construction there is number agreement (singular or plural) between the subject and the future verbal form. The past form agrees in gender with a singular subject and in number with a plural subject.
　　The negative counterpart of these constructions, the denial of existence, is expressed by the negated neuter singular forms of 'be' (нéт [< не + éсть], не бу́дет, нé было) and the genitive.

Present

Здесь нéт { до́ма. / кни́ги. / пера́. / кни́ги и пера́. }   There isn't a house (a book, a pen, a book and a pen) here.

Future

Здесь не бу́дет { до́ма. / кни́ги. / пера́. / кни́ги и пера́. }   There won't be a house (a book, a pen, a book and a pen) here.

Past

Здесь нé было { дóма.
кни́ги.
перá.
кни́ги и перá. }   There wasn't a house (a book, a pen, a book and a pen) here.

In the above negative constructions the logical subject is in the genitive case.

9.6 The preposition y

The preposition y (+ gen.) has certain special usages which should be noted.

a) The preposition y is used with the verb 'be' to express 'have' (i.e. to be in someone's possession). In the present tense y is used with or without éсть, the present tense form of 'be.' The presence of éсть indicates general existence, whereas omission places emphasis on the thing possessed, not on the fact of possession.

Present

У вáс éсть кни́га?   Do you have a book?
У Ивáна письмó?   Does Ivan have the letter?

Future

У вáс бýдет кни́га зáвтра?   Will you have a/the book tomorrow?
У Ивáна бýдет письмó зáвтра.   John will have a/the letter tomorrow.

Past

У вáс былá кни́га вчерá?   Did you have a/the book yesterday?
У Ивáна бы́ло письмó вчерá.   John had a/the letter yesterday.

Note that the grammatical subject of the Russian sentence is the thing possessed (i.e. book, letter).
The corresponding negative constructions make use of the negated neuter singular forms of 'be' (нéт, не бýдет, нé было) and the genitive.

Present

У вáс нéт кни́ги?   Don't you have a/the book?
У Ивáна нéт письмá.   John doesn't have a/the letter.

Future

| У вás не бýдет кнńги зáвтра? | Won't you have a/the book tomorrow? |
| У Ивáна не бýдет письмá зáвтра. | John won't have a/the letter tomorrow. |

Past

| У вáс нé было кнńги вчерá? | Didn't you have a/the book yesterday? |
| У Ивáна нé было письмá вчерá. | John didn't have a/the letter yesterday. |

(see p. 132 for additional material)

Compare the use of к (+ dat) plus a verb of motion to designate 'to someone's place':

| Я идý к вáм зáвтра. | I'll go to your place tomorrow. |
| Онá пошлá к немý вчерá. | She went to his place yesterday. |

9.7 Repetition and distribution: time and place

Regular repetition of a verbal action at a given time can be expressed with the instrumental plural or with по plus the dative plural:

| Онń рабóтали в музéе *вечерáми/по вечерáм*. | They worked at the museum evenings. |
| Ивáн нехорошó спáл *ночáми/по ночáм*. | John didn't sleep well at night. |

По plus the dative plural is also used to indicate that the verbal action is distributed among, or repeated consecutively at, several or many places of the same kind:

| Бы́ли собрáния *по всéм институ́там*. | There were meetings at all of the institutes. |
| Мы́ ходńли *по ресторáнам*, когдá мы́ бы́ли в Нью-Йóрке. | We went from restaurant to restaurant when we were in New York. |

9.8 The pronominal adjective вéсь (-е), всё, всá; всé (pl.)

The stem of this pronominal adjective is вс-. Compare the endings of the singular forms with those of the personal pronouns óн, онó, онá; and the plural form endings with those of тé.

9.8

N.	вѐсь (-е) m.	всё n.	вся́ f.	всѐ pl.
A.	= N. or G.	= N.	всю́	= N. or G.
G.	всего́		всей	всех
P.	всём		всей	всех
D.	всему́		всей	всем
I.	всем		всей / всею	всеми

Вѐсь as a modifier is usually translated 'all, the whole':

Он говори́л со *всѐми* студе́нтами.	He talked with all the students.
Студе́нт прочита́л *всю* кни́гу.	The student read the whole book.
Они́ *всѐ* чита́ли э́тот рома́н.	All of them read that novel.

Frequently the neuter forms mean 'everything;' and the plural forms designate 'everyone,' 'everybody':

Он всегда́ *всё* понима́л.	He always understood everything.
Она́ интересова́лась *всем*.	She was interested in everything.
Всѐ чита́ли э́тот рома́н.	Everyone read that novel.
Он *всех* люби́л.	He loved everybody.

The neuter singular всё can function as an intensifier of the verbal action, implying extended repetition:

Он *всё* говори́т.	He keeps on talking.

9.9 Declension of -мя nouns, мать and дочь

The stem of neuter nouns in -мя and the feminine nouns мать and дочь is expanded in all cases except the nominative and accusative singular. Neuter -мя nouns fit into a distinct declension pattern; however, the terminal endings of мать and дочь are like those of all other feminine soft-stem nouns which end in "zero," i.e. роль.

Neuter		*Feminine*	
	вре́мя		мать (дочь)
N., A.	вре́мя	N., A.	мать
G., P., D.	вре́мени	G., P., D.	ма́тери
I.	вре́менем	I.	ма́терью

N., A.	времена	N. матери
G.	времён	A., G. матерей
P.	временах	P. матерях
D.	временам	D. матерям
I.	временами	I. матерями (дочерьми)

NOTES

1. A few imperfective verbs, chiefly those with a negative prefix, form gerunds with the suffixes -в and -вши: e.g. (не)знав, (не)знавши, ехав, ехавши. These forms are infrequently used.
2. Д, т (or б) before -ти (-ть) becomes с.
3. This is a "zero" suffix with an inserted vowel.

EXERCISES

A. 1. Russian-to-English translation practice

1. Мы читали несколько интересных писем вчера. 2. У её сына мало друзей. 3. Этот господин сказал, что необходимо послать детей за газетой рано утром. 4. Учительнице надо решить, что делать с такими ребятами. 5. Этим людям придётся послать вам несколько писем. 6. Эти англичане ходили по ресторанам вечерами. 7. Многие профессора считают, что скоро будет мало студентов в наших университетах. 8. Эта англичанка любит спрашивать людей, на скольких языках они говорят. Она говорит на нескольких языках. 9. Читая эту интересную статью, я думал, что учёным приходится много заниматься. 10. Иван был у вас вчера, а вас не было дома. 11. Получив ваше письмо, я думал, что детям часто нужен совет матерей и отцов. 12. Кажется, что мой сын любит спрашивать этих граждан, чем они интересуются. 13. Сколько хороших университетов в Соединённых Штатах Америки (США) и в Союзе Советских Социалистических Республик (СССР)? Много или мало? 14. Говоря с ней, я думал, что много жён любит давать советы своим мужьям. 15. Встретив этих господ у вас, я решил тогда, что мне надо будет писать статью о них. Я вам пошлю статью, когда я её напишу. 16. Я очень поздно кончил писать им письмо, потому что я долго играл в шахматы с дядей. 17. Его сыновья должны были работать по ночам над этой проблемой. 18. Завтра наши уроки, должно быть, начнутся рано и кончатся поздно. После уроков я пойду к вам с необходимыми книгами. 19. Дом её друзей на берегу моря. Её друзья считаются богатыми. 20. Есть ли у него книга? Нет, у него нет книги, и ни у кого здесь

нет книги. 21. Эти старые гражданки спросили, получила ли я письма от братьев. 22. Меня интересует ясное введение к его девятому роману о жизни в России при Иване Первом. Я не помню, как называется роман. 23. Мы согласны с вами, что девятая книга о русских царях, написанная этим известным историком, должно быть, очень интересна будет всем нам. 24. Профессор с дочерью когда-то видел все эти белые дома по дороге, ведущей в город. 25. Ясно, что эта женщина, которая часто бывает у Бориса, считает его очень интересным, и я с ней согласен. 26. Так как отца не было дома, мать дала дочери нужный совет. 27. Я хорошо помню введение к девятой книге «Современный человек и Бог,» написанной этим немецким учёным, когда кончилась война. 28. Я видела много перьев на столе красивой госпожи Браун. Чьё это перо? 29. Не нужно было матери объяснять это ничего не понимающему ребёнку. 30. «В начале было Слово, и Слово было у Бога, и Слово был Бог.» (от Иоанна, глава I.1)

2. Translate the following passage. Try to guess the meaning of as many words as possible.

О посадке[1] на Луну   (On the Moon-Landing)

По телевизору много людей видели человека, который впервые[2] ступил[3] на Луну. Американский астронавт Нил Армстронг говорит землянам[4] «Этот маленький шаг[5] человека — гигантский прыжок[6] человечества[7].

Люди во всех странах не могли не думать, что это исторически важный момент. В Соединённых Штатах Америки американцы были у телевизоров. Они долго ждали этого исторического момента. Они будут помнить его всю жизнь. Многие будут помнить этот момент и в 21-ом веке[8].

Много людей видели эту посадку: наши деды[9], родившиеся[10] в 19-ом веке и помнящие первый самолёт (для них посадка на Луну была чем-то, что трудно понять); их сыновья; их родившиеся в конце 1950-ых годов[11] внуки[12], жизнь которых началась в период завоевания[13] космоса (для них посадка на Луну была естественным явлением, и они не понимали, почему старые люди так поражаются[14].)

Вот что было написано на небольшой дощечке[15], которую Американские астронавты оставили[16] на Луне: «Здесь люди с[17] планеты Земли впервые ступили на Луну. Июль[18], год 1969 нашей эры[19]. Мы пришли[20] с миром[21] от имени[22] всего человечества.

Adapted from *Америка*, 1969.

1. поса́дка — landing
2. впервы́е — for the first time
3. ступа́ть I / ступи́ть P — step
4. земля́нин — people on earth
5. ша́г — step
6. прыжо́к — leap
7. челове́чество — mankind
8. ве́к — century
9. де́д — grandfather
10. роди́ться I + P — to be born
11. го́д — year
12. вну́к — grandchild
13. завоева́ние — conquest
14. поража́ться I — be surprised
15. доще́чка — plaque
16. оста́вить P — leave
17. с + gen. — from
18. ию́ль — July
19. на́ша э́ра — A.D.
20. прийти́ P — arrive
21. ми́р — peace
22. и́мя — name

B. Put the words in parentheses into the required case. Translate.

1. Он стоя́л в саду́, говоря́ с (э́ти англича́не).
2. У мои́х знако́мых мно́го (ру́сские кни́ги).
3. Фи́зика интересу́ет (все́ учёные) на э́том собра́нии.
4. Прочита́в газе́ту, он на́чал писа́ть письмо́ (своя́ бы́вшая жена́).
5. По́сле собра́ния, англича́не спроси́ли (э́ти лю́ди), чём они́ интересу́ются.
6. Ей на́до говори́ть с (ва́ши сёстры).
7. Уже́ (мно́гие студе́нты) пора́ ко́нчить университе́т.
8. Он до́лжен был объясня́ть то́, что бы́ло необходи́мо (э́та краси́вая де́вушка).
9. Ма́ть сказа́ла (сы́н), что придётся отве́тить на её вопро́с.
10. Я согла́сен с (мои́ това́рищи), что Ива́н пло́хо игра́ет в ша́хматы.

VOCABULARY

англича́нин, англича́нка (+о)	Englishman, Englishwoman (§2)
Бо́г	God
введе́ние	introduction
ве́сь (-е), всё, вся́, все́	all, the whole (§8)
господи́н, госпожа́	gentleman, Mr., sir (§2); lady, Mrs., Miss, madam
граждани́н, гражда́нка (+о)	citizen

девя́тый	ninth
де́ти (pl. of ребёнок)	children (§2)
до́лжен, должно́, должна́, должны́	ought, must, have to (§3)
должно́ быть	probably (§3)
до́чь (obl. sg. and pl. stem дочер-)	daughter (§9)
лю́ди (pl. of челове́к)	people, men (§2)
ма́ло (+ gen.)	a little, few (§4)
ма́ть (obl. sg. and pl. stem матер-)	mother (§9)
мно́гие; мно́го (+ gen.)	many, a lot (§4)
на́до (+ dat.)	it is necessary; must, ought, have to (§3)
необходи́мый	necessary, indispensable
не́сколько (+ gen.)	several (§4)
ну́жен, ну́жно, нужна́, нужны́ (+ dat.)	must, ought, have to, need, be necessary (§3)
ну́жный	necessary
перо́	feather; quill pen (§2)
по́здно	late
пробле́ма	problem
ра́но	early
ребёнок (-о)	child sg.; lads, fellows pl. (§2)
ско́лько (+ gen.)	how many (§4)
согла́сен, согла́сно, согла́сна, согла́сны	in agreement, agree
сы́н	son (§2)
у (+ gen.)	at, near; to have (§6)
ша́хматы	chess
я́сный	clear
игра́ть I сыгра́ть P	play
интересова́ть I заинтересова́ть P	interest
интересова́ться I заинтересова́ться P	+ instr. be interested (in)
конча́ть I ко́нчить P	end, finish (trans.)
конча́ться I ко́нчиться P	end, finish (intrans.)
люби́ть I	love, like
посыла́ть I посла́ть (пошлю́т) P	send

прихо́дится } I
приходи́лось }   } impers. + dat.   have to, must
придётся   } P   (§3)
пришло́сь   }

спра́шивать I }
спроси́ть   P }   ask, question

счита́ть   I }
счесть (сочту́т;   } consider, regard
   счёл, сочло́)   P }

счита́ться I + instr.   be considered

Material accidentally omitted on page 126:

    b) With a verb of location y may designate 'at someone's place':

Я бу́ду у ва́с за́втра.   I'll be at your place tomorrow.

Она́ была́ у него́ вчера́.   She was at his place yesterday.

LESSON X

GRAMMAR

10.1 Imperative constructions

Commands and suggestions are given in Russian with verbs of both aspects.

1) a 1st person imperative corresponds to English 'let us/let's do ...!'. With imperfective verbs this imperative is expressed by давай/давайте plus the infinitive form of an imperfective verb.

Давай читать!	Let's read!
Давайте встречать Ивана после урока и сегодня и завтра!	Let's meet John after the lesson today and tomorrow.

With perfective verbs, the 1st person imperative is expressed by the 1st person plural of the T form, sometimes with the addition of -те:

Пойдём/пойдёмте!	Let's go!
Встретим/встретимте Ивана после урока завтра!	Let's meet John after the lesson tomorrow!

This imperative can be softened by the addition of давай/давайте:

Давай/давайте пойдём!   Let's go!

2) A 2nd person imperative, i.e. '[you] do...!', is expressed by a special imperative form.
The stem of the 2nd person singular imperative form, i.e. you = ты, is the same as the T-form stem (the 3rd person plural minus -ут or -ат).[1] The stem-final consonant, however, is always soft. The stress usually coincides with that of the 1st person singular of the T form. The suffix is either 'zero' or -и.
  a) The suffix is 'zero'
    i. if the stem ends in a vowel letter plus 'jot,' spelled й;

ii. if the stem ends in a single consonant
       letter and if the 1st person singular
       is stem-stressed. A soft sign is written
       after the final consonant letter.
  b) Otherwise, the suffix is -и (i.e. if the stem
     ends in a single consonant letter and the 1st
     person singular ending is stressed, or if the
     stem ends in a consonant cluster).
  c) Exception: verbs which end in -авать (3rd pl.
     -ают) have an imperative form -авай.

The plural designator -те is suffixed to this form if
the person addressed is вы.

			Imperatives	
	3rd pl.	1st sg.	ты	вы
a) Suffix 'zero'				
i.	читают (чита[й]ут)	читаю	читай	читайте
ii.	ответят (ответ[ь]ат)	отвечу	ответь	ответьте
b) Suffix и				
	говорят (говор[ь]ат)	говорю	говори	говорите
	несут (несут)	несу	неси	несите
	помнят (помн[ь]ат)	помню	помни	помните
c) Exception				
	давать		давай	давайте

Читай эту книгу!	Read this book!
Будьте у двери после урока!	Be by the door after the lesson!
Иди сюда!	Come here!
Помните мой совет!	Remember my advice!

   3) The third person imperative, i.e. 'let him,
her, it, them do ...!', is expressed by пусть (пускай)
plus the 3rd person singular or plural of the T form
of either an imperfective or perfective verb:

Пусть он читает эту книгу!	Let him read this book!
Пусть они встретят меня после урока!	Let them meet me after the lesson!
Пусть он пойдёт!	Let him go!
Пусть она помнит мой совет!	Let her remember my advice!

10.1

	Imperfective	Perfective
SUMMARY OF IMPERATIVE CONSTRUCTIONS		
Person		
1st	Давáйте встречáть Ивáна сегóдня и зáвтра в клáссе! Let's meet John in class today and tomorrow!	Встрéтим Ивáна сегóдня в клáссе! Let's meet John in class today!
2nd	Встречáйте меня́ сегóдня и зáвтра в клáссе! Meet me today and tomorrow in class!	Встрéтьте меня́ сегóдня в клáссе! Meet me today in class!
3rd	Пу́сть Ивáн встречáет меня́ сегóдня и зáвтра в клáссе! Let John meet me today and tomorrow in class!	Пу́сть Ивáн встрéтит меня́ сегóдня в клáссе! Let John meet me today in class!

10.2 Partitive expressions in the genitive singular

If a noun denotes a divisible substance that is measured in portions rather than counted in units (e.g. пи́во beer, вóдка vodka), the genitive singular suffix may be used to indicate 'some' or a portion of that substance:

Ивáн купи́л пи́ва и вóдки.   Ivan bought some beer and vodka.

In addition to a genitive singular suffix -a or -я, certain masculine nouns which denote divisible substances that are measured in portions (e.g. чай tea, табáк tobacco) have a special genitive singular suffix spelled -у or -ю, which is most frequently used to indicate 'some' or a portion of a substance, or after words expressing quantity:

    чáшка чáю   a cup of tea
    мнóго табаку́   a lot of tobacco

In genitive expressions other than those expressing quantities, these masculine nouns have the -а or -я genitive suffix: e.g. без чая without tea.

The plural forms of nouns denoting divisible substances have the meaning of 'kinds of,' e.g. чаи 'kinds of tea.'

10.3 The particle бы

The unstressed particle бы (б) excludes the use of the Т form of the verb in the same clause. It normally occurs with the Л form of the verb, and occasionally with the infinitive.

Бы (б) is used in a variety of situations, for example, as a modest or weak expression of will or desire:

Я хотел бы с вами говорить. I would like to talk with you.

It is also used to express certain hypothetical situations; these will be discussed later (see 10.4, 10.5 and 10.7).

Since бы excludes use of the Т form, even though the meaning might be present tense in English, one must rely on the context for guidance in translating into English.

10.4 Some uses of чтобы

The conjunction чтобы, like the particle бы, also excludes the Т form of the verb in the same clause. Some of its uses are given below.

a) In reported commands

If a command is reported, the clause containing the reported command is introduced by the conjunction чтобы, with the Л form of the verb:

Я сказал, чтобы он читал эту книгу.   I told him to read this book.

Cf. Читайте эту книгу, Борис!   Read this book, Boris!

Он говорит, чтобы она сделала это.   He says that she should do this.

Cf. Пусть она сделает это.   Let her do this.

10.4

b) In translating 'want to do something'

If the person who is 'to do something' differs from the person who 'wants,' the clause containing 'to do something' is introduced by чтобы with the Л form of the verb:

Я хочу́, что́бы Ли́за чита́ла э́то.	I want Liza to read that.
Она́ хоте́ла, что́бы Бори́с чита́л э́то.	She wanted Boris to read that.

If the person who 'wants,' however, is the same as the person who is 'to do something,' the verb 'want' is followed by the infinitive:

Я хочу́ чита́ть э́то.	I want to read that.
Она́ хоте́ла бы чита́ть э́то.	She would like to read that.

c) To express purpose

'In order to' is expressed with чтобы plus the infinitive:

Ли́за рабо́тает, что́бы хорошо́ жить.	Liza works in order to live well.

If the subjects of the two clauses differ, the Л form of the verb is used instead of the infinitive in the clause containing чтобы:

Ли́за рабо́тает, что́бы Бори́с хорошо́ жил.	Liza works so that Boris may live well.

10.5 Conditions (if ... [then] ...)

An 'if' condition in Russian is expressed by е́сли or е́сли бы.

A condition expressed with е́сли indicates that it is considered possible of fulfillment:

Е́сли он бу́дет чита́ть э́ти кни́ги, (то́) он бу́дет у́мным.	If he reads these books, (then) he will be wise.
Е́сли он бы́л в музе́е, (то́) он ви́дел О́льгу.	If he was at the museum, (then) he saw Olga.

A condition expressed with е́сли бы (е́сли б) indicates that fulfillment is considered doubtful or impossible, or simply hypothetical. Е́сли бы in the 'if' clause requires the Л form of the verb (rarely the infinitive); the clause expressing fulfillment considered doubtful or impossible also contains the particle бы (б), and the Л form of the verb. As with other clauses containing бы, context must be used as a guide when translating the Russian into English.

| Если бы он читал эти книги, (то) он был бы умным. | If he had read/were to read/would read/would have read those books, (then) he would be/ would have been wise. |

| Если бы он был в музее, (то) он видел бы Ольгу. | If he had been/were to be/would be/would have been at the museum, (then) he would have seen/would see Olga. |

10.6 Impersonal expressions of possibility/impossibility and permission/prohibition

The impersonal expression можно and its negative counterpart нельзя, as well as возможно and невозможно, indicate physical or mental possibility or impossibility:

Можно
Возможно } понять, когда он говорит.

    It's possible to understand when he speaks.

Нельзя
Невозможно } прочитать эту книгу.

    It's impossible to finish reading that book.

Note the parenthetic expressions может быть and возможно (maybe, perhaps, might):

Она, { может быть
      возможно } , ответит.   She might answer.

Only можно and нельзя (never возможно and невозможно) can mean permission and denial of permission:

Можно мне говорить?	May I speak?
Нельзя вам говорить.	You may not speak.
Можно было ехать по этой дороге.	It was permitted to drive down that road.
Тебе нельзя будет читать эту книгу.	You will not be allowed to read that book.

10.7 Interrogative (бы) ... ни + verb: no matter who/whoever

The Russian equivalent of 'no matter who,' 'whoever,' 'no matter when,' 'whenever,' etc., is expressed by a clause containing an interrogative word, e.g. кто, когда, где, какой, etc., with or without бы, and a verb preceded by ни. A clause without бы indicates that fulfillment of the act is expected; with бы, the situation is viewed as a hypothetical one.

a) Interrogative.............ни + verb (any form)

Что он ни говорит, всегда интересно.	Whatever he says is always interesting.
Сколько ни стоят эти книги, я хочу их купить.	No matter how much these books cost, I want to buy them.

b) Interrogative + бы........ни + verb (Л form or infinitive)

Сколько бы ни стоила эта книга, Иван говорит, что он её купит.	No matter how much that book might cost, John says that he will buy it.
Кого бы вы ни видели, скажите, что я в библиотеке.	Whoever you see, say that I am in the library.

10.8 Russian names

A Russian name consists of the first or Christian name (имя), the middle name or patronymic (отчество < отец) which means 'son of ...' or 'daughter of ...', and the last or surname (фамилия). The normal polite form of address includes both the Christian name and the patronymic.

1. The Christian name formally belongs to either the masculine or feminine nominal declension:

    M. Иван, Игорь, Сергей, Василий
    F. Лиза, Татьяна, Мария, Ваня

2. The patronymic, which is formed from the father's Christian name, belongs to either the masculine or feminine nominal declension. To the stem of the father's name is added either the masculine -ович (-евич, -ьевич) or the feminine -овна (-евна, -ьевна).

M. Иванович, Игоревич, Сергеевич, Васильевич
F. Ивановна, Игоревна, Сергеевна, Васильевна

3. A large number of masculine Russian surnames end in -ов (-ев) or -ин, and the corresponding feminine surnames end in -ова (-ева) or -ина: Ива́нов (Ива́нова), Турге́нев (Турге́нева), Пу́шкин (Пу́шкина). Other Russian surnames have adjectival forms: Достое́вский (Достое́вская), Толсто́й (Толста́я). Particulars of surname declension are given below.

   a) *Singular*

      i. Masculine surnames which end in -ов (-ев) or -ин belong to the animate masculine nominal declension in the singular, with an instrumental like an adjective (Ива́нов, instr. sg. Ива́новым; Турге́нев, instr. sg. Турге́невым; Пу́шкин, instr. sg. Пу́шкиным); adjectival surnames like Достое́вский and Толсто́й follow the animate masculine adjectival declension.

      ii. The corresponding feminine last name in -ова (-ева) or -ина is pronominal in the singular, i.e. like э́та: Ива́нова (N.), Ива́нову (A.), Ива́новой (P., G., D., I.); Турге́нева (N.), Турге́неву (A.), Турге́невой (P., G., D., I.); Пу́шкина (N.), Пу́шкину (A)., Пу́шкиной (P., G., D., I.). Surnames like Достое́вская and Толста́я follow the feminine adjectival declension.

   b) *Plural*

      The plural of masculine and feminine surnames in -ов (-ев), -ин, and -ова (-ева), -ина follows the nominal declension pattern in the nominative and the animate adjectival pattern in all other cases:

	N.	Ива́новы	Пу́шкины
A., G., P.		Ива́новых	Пу́шкиных
	D.	Ива́новым	Пу́шкиным
	I.	Ива́новыми	Пу́шкиными

The plural of adjectival masculine and feminine surnames follows the animate adjectival declension throughout:

	N.	Достое́вские	Толсты́е
A., G., P.		Достое́вских	Толсты́х
	D.	Достое́вским	Толсты́м
	I.	Достое́вскими	Толсты́ми

4. Non-Russian names which end in a consonant, like Бра́ун *Brown* and Смит *Smith*, follow the animate

masculine nominal declension throughout when they refer to men. When names of this type refer to women, there is no indication of feminine gender, nor are they declined. Other non-Russian names which end in a vowel, i.e. Живáго, have the same form for both men and women and are also usually not declined. For example:

   Я вúжу Ивáна Брáуна.   I see John Brown.
       but
   Я вúжу Лúзу Брáун.   I see Lisa Brown.

   Мы жúли у господúна   We lived at Mr. Zhiva-
     Живáго.   go's place.
       and
   Мы жúли у госпожú   We lived at Mrs. Zhiva-
     Живáго.   go's.

10.9 The T form of certain monosyllabic ить-verbs

    There is a group of ить-verbs which are monosyllabic when the perfectivizing prefix is removed, for example пить I (вы́пить P) drink. Verbs of this type have 1st conjugation T-form endings.

    я пью (вы́пью)   мы пьём (вы́пьем)
    ты пьёшь (вы́пьешь)   вы пьёте (вы́пьете)
    он пьёт (вы́пьет)   они пьют (вы́пьют)[2]

The imperative forms are пей (вы́пей), пéйте (вы́пейте).

NOTES

1. Remember that the 'jot' of the 3rd person plural ending is part of the stem.
2. The T-form stem is пьй- (вы́пьй-).

EXERCISES

A. 1. Russian-to-English translation practice

    1. Вы́пей, и потóм пойдём вмéсте к бáбушке в дерéвню. 2. Господá! Давáйте обратúм вниманéние на то, что этот истóрик пúшет тепéрь о Сéверной и Южной Амéрике. 3. Пусть он нальёт вóду для вáшей сестры́ и пúво для вáших брáтьев. 4. Обратúте вниманéние, пожá-

луйста, на у́мные слова́ э́тих учёных. 5. О́льга Петро́вна, почему́ вы всё лежи́те та́м на дива́не? Откро́йте ва́шу кни́гу, пожа́луйста, и чита́йте о се́верной и восто́чной Евро́пе. 6. Пу́сть они́ приму́т во внима́ние сове́т свои́х роди́телей. 7. Дава́йте смотре́ть вме́сте на большу́ю бе́лую луну́. 8. Я вы́пила ча́шку ча́ю, а Бори́с вы́пил пи́ва. 9. Ли́за рабо́тает для того́, что́бы ма́ть могла́ хорошо́ жи́ть. 10. Я хоте́л бы, что́бы вы сове́товали моему́ това́рищу Ива́ну Бори́совичу Ивано́ву, что́ де́лать. 11. Он сказа́л, что́бы я обраща́ла внима́ние то́лько на отве́ты госпожи́ Бра́ун. 12. Ва́ня ча́сто налива́ет во́ду для дете́й, кото́рые сидя́т за столо́м. 13. Е́сли вы лю́бите чита́ть, то чита́йте рома́ны Достое́вского и Толсто́го. 14. Е́сли бы он был в музе́е вчера́ ве́чером, мы бы его́ ви́дели. 15. Существу́ют мно́го люде́й, у кото́рых де́нег не́т. 16. Возмо́жно, что он ско́ро при́мет реше́ние, но я ду́маю, что э́то невозмо́жно. 17. Мо́жно сказа́ть, что Ва́ня лю́бит де́ньги? Не́т, нельзя́. 18. Возмо́жно, что ваш сы́н уме́ет реша́ть э́ти зада́чи? 19. Я согла́сен с ва́ми, что нельзя́ А́нне Ива́новне Пу́шкиной приня́ть тако́е ва́жное реше́ние сего́дня у́тром. 20. Что́ бы О́льга Петро́вна ни ду́мала, му́ж не покупа́ет автомоби́ля для неё. 21. Ско́лько ни сто́ит его́ деся́тая кни́га о восто́чной Евро́пе, я её куплю́. 22. Кого́ бы вы ни ви́дели сего́дня, скажи́те, что меня́ не́т до́ма. 23. Акаде́мия нау́к в Росси́и существу́ет давно́. 24. Ме́жду на́ми говоря́, не сто́ит занима́ться таки́ми тру́дными языка́ми. 25. Моя́ ба́бушка давно́ жила́ за грани́цей, в ю́жной и за́падной Евро́пе у знако́мых. 26. Мои́ роди́тели быва́ли весно́й за грани́цей, в за́падной Евро́пе. 27. Си́дя на сту́ле, ба́бушка вы́пила ча́шку ча́ю. 28. О́льга Андре́евна нам сказа́ла, что дя́дя по вечера́м лежи́т на дива́не и пьёт пи́во и во́дку у себя́ в тёмной ко́мнате. 29. Степа́н, како́й вы ге́ний, когда́ вы не уме́ете объясни́ть нам деся́тую главу́ ва́шей но́вой кни́ги о жи́зни по́сле сме́рти? 30. Михаи́л до́лго смотре́л на э́ту краси́вую де́вушку, сидя́щую ме́жду Никола́ем и Мари́ей.

2. О джа́зе (About Jazz)

Лю́ди ча́сто хотя́т, что́бы я писа́л что́-нибудь о джа́зе. Они́ говоря́т, напиши́те статью́! А я всегда́ отне́киваюсь[1] та́к как я давно́ уже́ да́л себе́ сло́во не писа́ть о джа́зе, не потому́, что мне не хо́чется писа́ть, а потому́, что мно́го уже́ напи́сано об э́том.

И я сдержа́л[2] бы своё сло́во, е́сли бы я не ви́дел каждодне́вно[3], с каки́м больши́м интере́сом люби́тели[4] му́зыки[5] отно́сятся[6] к джа́зу и ко всему́ но́вому в э́том жа́нре[7].

Я чу́вствую[8] тепе́рь, что на́до писа́ть.

Начну́ с[9] утвержде́ния[10], что джа́з — не сино́ним империали́зма и что саксафо́н — не порожде́ние[11] колониали́зма. Не в ба́нковских се́йфах роди́лся[12] джа́з, а в бе́дных негритя́нских[13] кварта́лах[14].

Джа́зовая му́зыка существу́ет о́чень давно́, и нью-орлеа́нский сти́ль[15] бы́л не откры́тием, а то́лько эта́пом[16] разви́тия[17] э́той му́зыки. Я говорю́ об импровиза́ции, кото́рую исто́рики иногда́ счита́ют осно́вой[18] джа́за.

Задо́лго[19] до моего́ рожде́ния[20] — а э́то бы́ло давно́ — музыка́нты[21] в Оде́ссе[22], игра́я на сва́дьбах[23], всегда́ импровизи́ровали, и э́то даёт мне́ возмо́жность[24] сказа́ть, что та́к называ́емый[25] диксиле́нд существова́л в Оде́ссе до Нью-Орлеа́на. И я то́лько хочу́ сказа́ть тем, кто э́того не зна́ет, что импровиза́ция существова́ла задо́лго до рожде́ния америка́нского джа́за.

Adapted from *Сове́тская Культу́ра*,
25 February 1961

1. отне́киваться I say no
2. сдержа́ть P keep
3. каждодне́вный daily
4. люби́тель lover
5. му́зыка music
6. относи́ться к I regard
7. жа́нр genre
8. чу́вствовать I feel
9. с + gen. from (here, "with")
10. утвержде́ние assertion
11. порожде́ние result
12. роди́ться I + P be born
13. негритя́нский Negro
14. кварта́л block, area
15. сти́ль style
16. эта́п stage
17. разви́тие development
18. осно́ва basis
19. задо́лго long
20. рожде́ние birth
21. музыка́нт musician
22. Оде́сса Odessa
23. сва́дьба wedding
24. возмо́жность possibility
25. та́к называ́емый so-called

B. Put the verbs in parentheses in the appropriate T and/or Л forms. Translate.

1. Они́ не (уме́ть) говори́ть по-ру́сски.
2. Я хочу́ знать, е́сли мо́жно, ско́лько (сто́ить) э́та кни́га о за́падной Евро́пе.
3. Она́ хо́чет, что́бы му́ж (купи́ть) для неё но́вый автомоби́ль.
4. Я ча́сто (пи́ть) во́дку с мои́ми друзья́ми.
5. Е́сли бы он (говори́ть) по-ру́сски, то он бы (полете́ть) в Москву́ с Ива́ном.
6. Скажи́те ему́, пожа́луйста, что нельзя́ (бы́ть) мне́ писа́ть э́то письмо́ за́втра.
7. Е́сли мы то́лько (принима́ть) э́то во внима́ние, мо́жно поня́ть, почему́ э́та же́нщина даёт таки́е отве́ты.

8. О чём она ни говорит, я не (мочь) понимать.
9. Какие бы книги он ни (читать), он ничего не понимает.
10. Моя бабушка давно (жить) за границей.
11. Моим родителям (прийтись) поехать в Бостон вчера.
12. Все мои книги (лежать) на этом столе.

VOCABULARY

бабушка	grandmother
бы (б)	(§3, 5, 7)
вместе	together
внимание	attention
вода	water
водка	vodka
возможно	it is possible (§6)
восточный	eastern
граница	border, frontier, boundary
давайте (давай)	let's (§1)
давно	for [since] a long time, long ago
деньги (+ е) (pl. only)	money
десятый	tenth
диван	sofa
если	if (§5)
западный	western
между (+ instr.)	between
можно	one may, is permitted (§6)
невозможно	impossible (§6)
нельзя	be forbidden, impossible (§6)
ответ	answer, reply, response
пиво	beer
пожалуйста	please
пусть (пускай)	let (§1)
решение	decision, solution
родители (pl. only)	parents
северный	northern
стул (N.pl. стулья)	chair
чай	tea
чашка	cup
чтобы; для того чтобы	to, in order to, that (§4)
южный	southern
лежать (лежат) I	lie, be lying
наливать I } налить P	pour (§9)

| обращáть I | turn |
| обратить P | |

| пить I | drink (§9) |
| выпить P | |

| покупáть I | buy |
| купить P | |

| принимáть I | accept, receive, take; |
| принять (примут) P | make |

сидéть (сидят) I — sit, be sitting

| смотрéть (смóтрят) I | look |
| посмотрéть (посмóтрят) P | |

стóить I — cost, be worth

существовáть I — exist, be

умéть (умéют) I — know how to

LESSON XI

GRAMMAR

11.1 Some uses of the infinitive

The infinitive can function in a variety of situations. You have already encountered its use in чтобы clauses (10.4), and in "it" constructions (5.10), frequently corresponding to an English participle (Жить на луне́ бу́дет интере́сно. Living on the moon will be interesting.) Some additional uses are given below.

1. The infinitive may be used in a éсли clause. There is no grammatical subject in this construction. The logical subject is best translated in English as 'one,' 'we' or 'you.'

Е́сли отве́тить на все вопро́сы, э́то займёт мно́го вре́мени.	If one answers all the questions, it will take a lot of time.
Е́сли приня́ть во внима́ние, что он до́ктор, мо́жно поня́ть, почему́ он э́то сказа́л.	If one takes into consideration that he is a doctor, it is possible to understand why he said that.

2. The infinitive, usually with a logical subject in the dative, may be used to express possibility or desirability. A conditional element can be introduced with the particle бы.

Когда́ мне встре́титься с ва́ми?	When can I meet you?
Где купи́ть э́ту кни́гу?	Where can one buy that book?
Стать бы фи́зиком!	If I could only become a physicist!
То́лько бы мне прочита́ть э́ту кни́гу.	If only I could read that book.

3. The infinitive may function as a command.

Не кури́ть!	*No smoking!*

11.2 Prefixed verbs of going-conveying

When a going-conveying verb of the type discussed in 6.1 has a prefix other than по-, the distinction between determinate and indeterminate for verbs of the imperfective aspect no longer exists. The new prefix normally indicates a simple imperfective-perfective pair. The indeterminate form is the basis for the new imperfective verb and the determinate form is the basis for the new perfective verb.

Note how the following directional prefixes can modify the meaning of a basic going-conveying verb:

в-	in	при-	to
вы-	out	про-	through, past
под-	up to	у-	away

I	P	
входи́ть	войти́	enter, go in
выходи́ть	вы́йти	leave, go out
подходи́ть	подойти́	approach, go up to
приходи́ть	прийти́	arrive, come to
проходи́ть	пройти́	go past, through
уходи́ть	уйти́	leave, go away from

These prefixes can give the same type of directional meaning to other going-conveying verb forms:

I	P
___езжать[1]	___ехать
___носить	___нести
___летать	___лететь
___водить	___вести

11.3 Stressed prefix не́- (не́кто, не́что, не́где, не́куда...)

1. The stressed particle не́-, prefixed to interrogative pronouns and adverbs, in general expresses a rather hopeless situation, one in which the verbal action for some reason is viewed as impossible; e.g. 'there is no one to ask,' 'there will be nothing to do.' Expressions of this type normally follow a pattern of logical subject, if there is one, in the dative (Ива́ну, мне́, на́м), with the не́-word or phrase accompanied by the neuter singular form of 'be' to express tense ('zero,' бу́дет, бы́ло), and the verb in the infinitive. The translation usually corresponds to: 'there (is, will be, was) no (one, thing, where ...) for (John, me, us) to VERB.' Examples:

Ивáну нéчего дéлать.	There is nothing for John to do.
Мнé нéкого бýдет спросúть.	There will be no one for me to ask.
Нáм нé о чем бы́ло говорúть.	There was nothing for us to talk about.
Емý нéкому бы́ло помóчь.	There was no one for him to help.

Like certain ни-words (3.7), when a нé-word consists of нé prefixed to a declinable interrogative, the нé becomes detached from the interrogative word. Нé is placed before the preposition and each element is written separately.

This construction should not be confused with those consisting of words with unstressed prefix ни- (никтó, ничтó, нигдé, никудá...) which in general express a situation in which the verbal action is possible but not realized.

In ни-constructions, there is agreement between the grammatical subject and the verb, which is preceded by the negative particle не. Compare the following examples with those given above:

Ивáн ничегó не дéлает.	John isn't doing anything (even though he could be doing something).
Я никогó не спрошý.	I won't ask anyone (but there is someone I could ask).
Мы́ ни о чём не говорúли.	We didn't talk about anything (though there were things we could have talked about).
Óн никомý не помóг.	He didn't help anyone.

2. Нé-words have a positive meaning when they occur in a context other than the one described above in which the infinitive form of the verb is used in combination with the logical subject, if there is one, in the dative.

       a) нéкто 'someone' (rare). Нéкто meaning 'someone' is used in the nominative only (cf. ктó-то):

Нéкто в бéлом костю́ме вошёл.	Someone in a white suit came in.

       b) нéчто 'something.' With this meaning the pronoun нéчто is used in the nominative and accusative only:

Я увидел нечто странное.	I saw something strange.

c) некогда at one time, once, in the old days

Вы некогда там работали?	Did you work there at one time?

d) несколько a certain number, some

Там жило несколько красивых студенток.	A certain number of pretty students lived there.

e) некоторый a certain, some

Некоторые студенты думают так.	Certain students think that way.

11.4 The comparative degree of adjectives and adverbs

The comparative degree of most adjectives which modify nouns is expressed with a compound form consisting of the adverbial более (more) or менее (less) plus the appropriate case of the adjective:

Иван не купил более нового автомобиля.	John didn't buy a newer car.
Он читает более интересную книгу, чем я.	He is reading a more interesting book than I.

Certain adjectives, however, have special comparative forms, which are not used in combination with более or менее:

большой	big	больший	bigger
маленький	small	меньший	smaller
плохой	bad	худший	worse
хороший	good	лучший	better

Моя мать не хочет большего дома.	My mother doesn't want a larger house.
Мой брат лучший студент, чем я.	My brother is a better student than I am.

The comparative degree of predicate adjectives and adverbs, i.e. short-form adjectives which do not modify nouns, is expressed with a simple form which ends in the suffix -e or -ее (-ей).

a) The suffix -e occurs chiefly with adjectival stems ending in the consonant letters -к, -г and -х, and monosyllabic stems in -ст, which change respectively to -ч, -ж, -ш, and -щ before this suffix:

гро́мкий	гро́мче	louder
дорого́й	доро́же	more expensive
ти́хий	ти́ше	quieter
просто́й	про́ще	simpler

Его́ автомоби́ль доро́же, чем ваш. — His automobile is more expensive than yours.
Говори́те гро́мче! — Speak louder!

Note the following comparative predicate adjectival or adverbial forms:

большо́й	бо́льше	more, larger
ма́ленький	ме́ньше	less, smaller
плохо́й	ху́же	worse
хоро́ший	лу́чше	better

The stem-final consonants of a small number of adjectival stems undergo more complex changes before -e. Most dictionaries will list these forms as separate lexical items.

    b) The suffix -ee is regularly used with all other stems:

но́вый	нове́е	newer
бы́стрый	быстре́е	faster
интере́сный	интере́снее	more interesting

Э́та кни́га нове́е, чем ваш. — This book is newer than yours.
Я хожу́ ме́дленее, чем А́нна. — I walk slower than Anna.

Note that English 'than' in sentences containing a comparative predicate or adverb is expressed by чем or by the genitive case (when the things compared are nouns or pronouns).

Она́ ста́рше, чем муж.
    or
Она́ ста́рше му́жа.

She is older than her husband.

Чем... тем... or тем... чем... is used with comparatives to indicate that augmenting one quality (the clause containing чем) results in the increase of another quality (the clause containing тем):

Чем бо́льше вы чита́ете Толсто́го, тем бо́льше вы понима́ете жизнь. — The more you read Tolstoy, the more you understand about life.

11.5 The superlative degree of adjectives and adverbs

The superlative degree of most adjectives which modify nouns is formed with the adjective самый (the most) plus the adjective expressing what is being compared. Both adjectives are inflected.

Он читает самую интересную книгу в библиотеке.	He is reading the most interesting book in the library.
Иван всегда говорил с самыми красивыми девушками в нашем классе.	John always talked with the prettiest girls in our class.

The forms лучший and худший can function also as superlatives, with or without самый.

Occasionally a literary form expressing extreme degree is made by adding to certain adjectival stems the suffix -ейший, or -айший if the stem ends in the consonant letters -г, -к or -х, which change to -ж, -ч and -ш before this suffix. If comparison is implied, it is equivalent to a superlative in English.

Она богатейшая женщина в городе.	She is the richest woman in town.

If comparison is not intended, the translation in English is equivalent to 'a most, a very, an extremely.'

Она богатейшая женщина.	She is a very rich woman.

In addition to an intensifying suffix, there are two literary prefixes, наи- and пре-, which intensify the meaning of both adjectives and adverbs:

a) наи- the most

Это его наилучший роман.	This is his best novel.

b) пре- most, extremely

Иван Борисович предобрый человек.	Ivan Borisovich is an extremely kind person.

A comparative predicate adjectival form expresses a superlative meaning when used with всех. A superlative adverb is most often expressed with the comparative form plus всего (than other things) or всех (than other people).

«Тайм» интереснее всех журналов в библиотеке.	*Time* is the library's most interesting magazine.

Он э́то де́лает лу́чше всего́.	He does this better than other things he does.
Он чита́ет ме́дленее все́х.	He reads slower than anyone else.

11.6 Numerals

1	оди́н, одна́, одно́; одни́ (pl.)	19	девятна́дцать
2	два́ m. and n., две́ f.	20	два́дцать
3	три́	30	три́дцать
4	четы́ре	40	со́рок
5	пя́ть	50	пятьдеся́т
6	ше́сть	60	шестьдеся́т
7	се́мь	70	семьдеся́т
8	во́семь	80	во́семьдесят
9	де́вять	90	девяно́сто
10	де́сять	100	сто́
11	оди́ннадцать	200	две́сти
12	двена́дцать	300	три́ста
13	трина́дцать	400	четы́реста
14	четы́рнадцать	500	пятьсо́т
15	пятна́дцать	600	шестьсо́т
16	шестна́дцать	700	семьсо́т
17	семна́дцать	800	восемьсо́т
18	восемна́дцать	900	девятьсо́т

1,000	ты́сяча
1,000,000	миллио́н
1,000,000,000	миллиа́рд (биллио́н)

The numeral 'one' (stem одн-) is a modifier. It is declined as follows:

	m.	n.	f.	pl.
N.	оди́н	одно́	одна́	одни́
A.	= N. or G.	= N.	одну́	= N. or G.
G.	одного́		одно́й	одни́х
P.	одно́м		одно́й	одни́х
D.	одному́		одно́й	одни́м
I.	одни́м		одно́й одно́ю	одни́ми

For example:

Я ви́жу одну́ кни́гу.	I see one book.
Оди́н студе́нт пришёл.	One student came.

Besides 'one,' it also has the meaning of 'only,' 'alone,' 'a (certain),' 'some (people)':

Они́ одни́ та́м бы́ли.	Only they were there.

11.6

Мы говорили с одним сту-   We talked with a (cer-
   дéнтом, которого вы   tain) student that you
   знáете.   know.
Одни читáли, другие   Some were reading,
   писáли.   others were writing.

The declension patterns for the numerals 'two,' 'three,' and 'four' are similar to one another. Note that the numeral 'two' has one nominative (and non-aminate accusative) form when counting things masculine and neuter, and another when counting things of the feminine gender.

	2	3	4
N.	двá m. and n., двé f.	три	четы́ре
A.	= N. or G.	= N. or G.	= N. or G.
G., P.	двух	трёх	четырёх
D.	двум	трём	четырём
I.	двумя́	тремя́	четырьмя́

The numerals 'five' through 'twenty' and 'thirty' follow the declension pattern of feminine nouns with a "zero" ending:

	5
N., A.	пять
G., P., D.	пяти́
I.	пятью́

The numerals 'forty,' 'ninety' and 'one hundred' follow a simple pattern:

	40	90	100
N., A.	сóрок	девянóсто	стó
G., P., D., I.	сорокá	девянóста	стá

The numerals 'fifty,' 'sixty,' 'seventy' and 'eighty' are treated as compound words, each part declined like feminine nouns with a "zero" ending:

	50
N., A.	пятьдеся́т
G., P., D.	пяти́десяти
I.	пятью́десятью

The 'hundreds' (200-900) are also treated as compound words with each part declined:

	200	300	500
N., A.	двести	триста	пятьсо́т
G.	двухсо́т	трёхсот	пятисо́т
P.	двухста́х	трёхстах	пятиста́х
D.	двумста́м	трёмстам	пятиста́м
I.	двумяста́ми	тремяста́ми	пятьюста́ми

'One thousand,' ты́сяча, is a regular feminine noun with instrumental, however, either ты́сячей or ты́сячью. 'One million,' миллио́н and 'one thousand million,' миллиа́рд (биллио́н) are masculine nouns and are declined accordingly. 'Thousand,' 'million' and 'billion' have both singular and plural forms.

Compound numerals, e.g. 21, 42, 63, 131, etc. are formed by adding the unit to the ten, or the ten and unit to the hundred:

    21   два́дцать оди́н, два́дцать одно́, два́дцать одна́
    42   со́рок два́, со́рок две́
    63   шестьдеся́т три́
    131 сто́ три́дцать оди́н, сто́ три́дцать одно́,
         сто́ три́дцать одна́

11.7 Use of numerals

We have already seen that the numeral 'one' is a modifier in agreement with the word modified.

In the nominative and the non-animate accusative the numerals 'two,' 'three,' and 'four' govern nouns in the genitive singular. Adjectives are in the genitive plural and occasionally in the nominative plural.

    два́ m., n.   } но́вых (но́вые)   стола́, письма́
    две́ f.   кни́ги
    три́   } но́вых (но́вые)   стола́, письма́,
    четы́ре   кни́ги

In the nominative and the non-animate accusative the numerals 5-20, 30, 40, 50, 60, 70, 80, 90, 100, 200, 300, 400, 500, 600, 700, 800, 900, 1,000 etc. govern both adjectives and nouns in the genitive plural:

    пя́ть   }   { столо́в
    со́рок   }   но́вых   { пи́сем
    шестьсо́т }   { кни́г

Note that in the nominative and non-animate accusative it is the final element of a compound numeral that dictates the case of the adjectives and nouns that follow. Compare the following examples:

сто́ три́дцать две́ но́вые кни́ги	132 new books
ты́сяча две́сти шестьдеся́т пя́ть но́вых кни́г	1,265 new books

When numerals are in any case other than the nominative or the non-animate accusative, the adjectives and nouns are in the same case as the numeral. And if the last numeral of a compound is plural from the logical point of view, the adjectives and nouns which follow are plural; however, if the last element of a compound numeral is singular from the point of view of logic, i.e. 'one,' then this last element and the adjectives and nouns which follow are singular.

А́нна говори́ла о двадцати́ пяти́ но́вых кни́гах в библиоте́ке.	Anna talked about the 25 new books in the library.
Вчера́ в музе́е я встре́тился со ста́ три́дцатью двумя́ ру́сскими студе́нтами.	Yesterday I met 132 Russian students at the museum.
В про́шлом году́ э́та бога́тая же́нщина помога́ла сорока́ одному́ бе́дному студе́нту.	Last year that wealthy woman helped 41 poor students.

Inversion involving the numeral expresses approximation, e.g.:

Он прие́дет дня́ че́рез два́.	He will come in about two days.

11.8 Са́мый plus noun

The adjective са́мый (the very) can modify nouns, in addition to being coupled with another adjective to produce the superlative degree. When са́мый modifies a noun it calls attention to it. Са́мый plus a demonstrative pronoun, e.g. э́тот, то́т or то́т же (see 2.7), call even more precise attention to the noun. Note the following examples:

Геро́й у́мер в са́мом конце́ рома́на.	The hero died at the very (just at the/ right at the) end of the novel.
Мы́ говори́ли с то́й же са́мой студе́нткой.	We talked with the very same student.
Cf. Я чита́л ту́ же кни́гу.	I read the same book.

11.9 The emphatic pronoun са́м, само́, сама́; са́ми (pl.)

The emphatic pronoun са́м, само́, сама́; са́ми (pl.) 'self' is declined like оди́н (§6).² In addition to the feminine accusative form саму́, there exists also the form самоё. This emphatic pronoun should not be confused with са́мый 'the most' (§5), or 'the very' (§8).

Са́м ге́ний сказа́л э́то.	The genius himself said that.
Cf. То́т же са́мый ге́ний, кото́рый реши́л э́ту зада́чу, сказа́л э́то.	The very same genius who solved that problem said that.
Они́ говори́ли с дире́ктором сами́м.	They talked with the director himself.
Cf. Они́ все́ говори́ли с те́м же са́мым дире́ктором.	They all talked with the very same director.
Она́ ча́сто сама́ с собо́й говори́т.	She often talks to herself.

11.10 The reciprocal expression дру́г дру́га...

The special reciprocal pronoun 'each other' is expressed in Russian by дру́г + дру́г. The first дру́г is not declined. The second дру́г is the element that takes the appropriate case ending (e.g. дру́га *acc.*, дру́гу *dat.*, etc.):

Они́ интересу́ются дру́г дру́гом.	They are interested in each other.
Студе́нты говори́ли дру́г о дру́ге.	The students were talking about each other.

NOTES

1. Note that the directional prefixes are added to the form -езжа́ть, not е́здить.
2. The plural nominative form са́ми is stressed on the stem rather than on the ending, like оди́н.

EXERCISES

A. Russian-to-English translation practice

1. Когда́ мне прийти́ к вам? 2. Е́сли ду́мать об э́том, мо́жно поня́ть, почему́ О́льга вдруг уе́хала. 3. То́лько бы мне жить в Москве́! 4. Стать бы са́мым изве́стным учёным в университе́те! 5. Ива́н подошёл к тёмному до́му, но не вошёл в него́. 6. Мои́ роди́тели подъе́хали к музе́ю сли́шком по́здно. Музе́й уже́ был закры́т. 7. Вы когда́-нибудь приезжа́ли в Москву́ че́рез Ленингра́д? 8. Когда́ я пришёл, одни́ входи́ли в библиоте́ку, а други́е выходи́ли из неё; я вдруг уви́дел Ве́ру, подошёл к ней, и сказа́л «До́брый день!» 9. Мать сказа́ла, что сын её ушёл в сре́ду, а верну́лся в суббо́ту с одно́й не́мкой, кото́рая сли́шком мно́го говори́т. 10. Э́той же́нщине не́где бы́ло купи́ть э́ту кни́гу о войне́ ме́жду ю́жными и се́верными шта́тами. 11. Бе́дному Ва́не не́чего де́лать, не с кем говори́ть, не́куда идти́, и да́же не́где жить. Как э́то возмо́жно? 12. Е́сли вам не́когда бу́дет говори́ть со мной сего́дня у́тром, то вы должны́ бу́дете верну́ться. 13. Он не́когда люби́л чита́ть оди́ннадцатую главу́ э́того рома́на Достое́вского. 14. В воскресе́нье у Никола́я Ива́новича Ри́мского-Ко́рсакова бы́ло не́что о́чень стра́нное в ко́мнате, и ему́ не хоте́лось спать. 15. В четве́рг мои́ бра́тья принесу́т вам бо́лее интере́сные рома́ны, чем они́ вам принесли́ во вто́рник; но са́мые интере́сные у меня́ — мои́ рома́ны францу́зские. 16. У него́ бо́лее краси́вая жена́, чем у меня́; но она́ ме́нее культу́рная, чем моя́ жена́, и она́ да́же гора́здо ста́рше своего́ му́жа. 17. Когда́ мы говори́ли друг с дру́гом, он спроси́л, чита́л ли я что́-нибудь интере́снее, чем рома́ны Толсто́го? 18. Не́которые лю́ди ду́мают, что жизнь в дере́вне лу́чше, чем жизнь в го́роде. 19. В пя́тницу Бори́с говори́л по-англи́йски лу́чше Ли́зы, но сего́дня на уро́ке он гора́здо ху́же говори́л. 20. Как изве́стно, дере́вня ме́ньше го́рода; авто́бус бо́льше автомоби́ля; во́дка доро́же воды́; францу́зский язы́к для америка́нцев гора́здо про́ще ру́сского языка́, пого́да в Нью-Йо́рке лу́чше пого́ды в Ленингра́де, и т. д. (и так да́лее). 21. О́льга, коне́чно, счита́ет, что она́ говори́т по-ру́сски лу́чше всего́ и всех, но по-мо́ему она́ пло́хо говори́т по-ру́сски. 22. Чем трудне́е уро́к, тем бо́льше на́до занима́ться. 23. В суббо́ту я написа́л со́рок одно́ письмо́; я бо́льше не хочу́ писа́ть пи́сьма. 24. Когда́ мы встре́тили друг дру́га вчера́ ве́чером, он мне сказа́л, что госпоже́ Бра́ун помога́ют не́которые богате́йшие друзья́. 25. Моя́ предо́брая сестра́ счита́ется наиху́дшей студе́нткой в шко́ле. 26. В сре́ду Ве́ра мне сказа́ла, что у Достое́вской интере́снейший друг. Возмо́жно, что я сиде́ла о́коло него́ вчера́ ве́чером на конце́рте. 27. Э́тот челове́к возвраща́лся по

воскресéньям для тогó, чтóбы говори́ть с тóй же сáмой краси́вой дéвушкой. Я прóсто не знáю, имéет ли э́то значéние. 28. И́ли в понедéльник и́ли во втóрник я самá наконéц возвращу́ вáм кни́ги, т.е. чéрез нéсколько днéй. 29. Мóй дру́г сказáл ти́хим гóлосом, что нáм придётся нóчью выноси́ть пи́во. 30. Когдá пройдёт дóждь я вáм возвращу́ другóй словáрь.

B. 1. Put the words in parentheses into the required case. Translate.

1. Э́та же дорóга ведёт к (сáмый мáленький дóм) в тóй дерéвне, гдé ужé давнó живёт моя́ бáбушка.
2. Пожáлуйста, в понедéльник принеси́те с собóй бóлее (интерéсная кни́га).
3. Óн всегдá говори́т с (сáмые богáтые студéнтки) в нáшем клáссе.
4. Мóй автомоби́ль новéе (вáш автомоби́ль).
5. Ивáн бóльше не лю́бит (сáмые краси́вые дéвушки).
6. Óн читáет по-ру́сски лу́чше (я).
7. Э́тот кри́тик всегдá пи́шет о (сáмые интерéсные кни́ги).
8. Четы́ре (ру́сский адвокáт) говори́ли дру́г с дру́гом до собрáния.
9. Вчерá вéчером в библиотéке я сáм ви́дел двáдцать одну́ (краси́вая студéнтка).
10. А́нна взялá у¹ меня́ пя́ть (нóвая кни́га).
11. Вчерá Ивáн купи́л три́ (францу́зская газéта).
12. Двé (главá) э́той кни́ги имéли большóе значéние для меня́.
13. Три́ (краси́вая жéнщина) дóлго ждáли егó.
14. Необходи́мо, чтóбы мóй отéц прилетéл в Москву́ чéрез двá (дéнь).

1. брáть - взя́ть у : take from

2. Dictionary practice

О славя́нских языкáх (About the Slavic Languages)

Разговáривая с представи́телями други́х славя́нских нарóдов, ру́сский без трудá поймёт значéние мнóгих слóв, а éсли внимáтельно вслу́шается в разговóр, тó ему́ бу́дет поня́тен и смы́сл цéлых предложéний.
Представи́тели трёх брáтских восточнославя́нских нарóдов — ру́сские, украи́нцы и белору́сы, живу́щие в предéлах Совéтского Сою́за и составля́ющие большинствó славя́нства, — свобóдно понимáют дру́г дру́га. При нéкотором уси́лии нáм удаётся поня́ть рéчь поля́ка и чéха, болгáрина и сéрба, хотя́ для практи́ческого вла-

дения их языками необходима специальная подготовка.

Иначе обстоит дело с другими, не славянскими, языками. Без длительного изучения английского, немецкого или французского языка мы ничего не сможем понять в речи представителей этих народов.

VOCABULARY

более	more (§4)
больший[1]	bigger (§4)
больше[2]	more, bigger
больше не	no more, no longer (cf. уже не)
гораздо	much
даже	even
дорогой	dear; expensive
друг друга	each other (§10)
другой	other; next
значение	meaning, significance
и так далее (и т. д.)	etc., and so forth
Ленинград	Leningrad
лучший	better (§4, 5)
менее	less (§4)
меньший	lesser, smaller (§4)
меньше[3]	less, smaller
наи-	intensifying prefix, the most (§5)
негде	nowhere, no place; somewhere (§3)
некогда	no time; at one time (§3)
некоторый	a certain; some (§3)
некто	no one; someone (§3)
некуда	nowhere (§3)
нечто	nothing; something (§3)
один (-и), одно, одна; одни (pl.)	one; only, alone, a, some (§6)
ни один	not a single, no (§6)
одиннадцатый	eleventh
пре-	intensifying prefix, most, extremely (§5)
простой	simple
сам, само, сама; сами (pl.)	self (§9)
самый	the most (§5); the very (§8)
тот самый	the very
тот же самый	the very same
слишком	too (much)
тихий	quiet
худший	worse, worst (§4, 5)

чём	than
чем ... тем ...	the more ... the more ... (§4)
через (+ acc.)	through, across; in (after)
понедельник	Monday
вторник	Tuesday
среда	Wednesday
четверг	Thursday
пятница	Friday
суббота	Saturday
воскресенье	Sunday
вернуть(ся) P	*See* возвратить(ся)
возвращать I возвратить P	return, give back
возвращаться I возвратиться P	return, come back
иметь (имеют) I	have
входить, въезжать, вносить, влетать, вводить выходить, выезжать, выносить, вылетать, выводить подходить, подъезжать, подносить, подлетать, подводить приходить, приезжать, приносить, прилетать, поиводить проходить, проезжать, проносить, пролетать, проводить уходить, уезжать, уносить, улетать, уводить	*See* §2

1. Observe the stress of больший (cf. большой). Note how the spelling rule on p. 172 affects those adjectival endings spelled with either e or o.
2. Serves as comparative predicate or adverb for большой and много.
3. Serves as comparative predicate or adverb for меньший and мало.

LESSON XII

GRAMMAR

12.1 Some uses of the second person singular imperative

Beside a command to a person addressed as ты, the second person singular imperative form can convey other meanings, and serves for all persons, singular and plural.

1. A hypothetical action or condition contrary to fact (cf. éсли бы...):

a) Уйди она́, я́ не зна́л бы, что де́лать. — If she were to leave, I wouldn't know what to do.

b) Говори́ я́ по-ру́сски, жи́л бы в Росси́и. — If I spoke Russian, I would live in Russia.

c) Не бу́дь её, о́н бы у́мер. — Were it not for her, he would have died.

2. An unpleasant action which must be carried out (usually compared with the good time someone else is having):

a) Всé пью́т, а я́ рабо́тай. — Everyone is drinking, but I have to work.

b) Вы́ хо́дите в кино́, а я́ занима́йся. — You go to the movies, but I have to study.

3. An action that suddenly or unexpectedly interrupts or frustrates another action:

a) О́н чита́л газе́ту, а она́ и скажи́ ему́, что всё ко́нчено ме́жду ни́ми. — While he was reading the newspaper, she up and said to him (much to his surprise) that everything was over between them.

b) Мы́ говори́ли о нём, а о́н да приди́. — We were talking about him when he suddenly arrived.

4. English 'may,' expressing a wish or desire:

a) Дай мне Бог жить!   May God let me live!
b) Помоги ей Господь! May the Lord help her!

12.2 Verbs of perception and как coordination

In sentences which express awareness of someone performing an action (for example, to see, hear and notice), the clause containing the awareness verb is joined by means of как to the clause expressing the action perceived:

AWARENESS CLAUSE	КАК	PERCEIVED ACTION CLAUSE

Я видел, как он вышел.	I saw him go out.
Cf. Я видел, что он вышел.	I saw that he had gone out.
Я слышал, как он говорил с вами.	I heard him talking with you.
Cf. Я слышал, что он говорил с вами.	I heard that he was talking with you.
Я заметил, как он дал вам книгу.	I noticed him give you a book.
Cf. Я заметил, что он дал вам книгу.	I noticed that he gave you a book.

12.3 Coordinating expressions of time

Special consideration should be given to the translation of the following frequently encountered adverbial expressions of time that link clauses:

a) прежде чем   before

Прежде чем уехать, он прочитал мою статью.	Before leaving he read my article.

b) раньше чем   before

Раньше чем это сделать, подумайте.	Before doing that, think about it.

c) как только   just as soon as

Как только он сказал это, он уехал.	Just as soon as he said that he left.

d) до того́ как (sometime) before

| Он написа́л э́то письмо́ до того́, как он у́мер. | He wrote that letter before he died. |

e) пе́ред тем как (just) before

| Он пьёт ко́фе пе́ред тем, как он чита́ет газе́ту. | He drinks coffee before he reads the newspaper. |

f) по́сле того́ как after

| Он вдруг вы́шел из ко́мнаты по́сле того́, как он прочита́л её письмо́. | He suddenly left the room after he read her letter. |

g) до тех пор пока́ ... не or пока́... не until

| Я бу́ду чита́ть газе́ту (до тех пор), пока́ он не придёт. | I will read the newspaper until he comes. |

h) в то вре́мя как while

| В то вре́мя как идёт снег в Москве́, в Вашингто́не идёт дождь. | While it is snowing in Moscow, it is raining in Washington. |

i) ме́жду тем как while

| Ме́жду тем как муж спал, жена́ рабо́тала. | While her husband slept, the wife was working. |

j) с тех пор как since

| С тех пор как он ушёл, о́чень ску́чно здесь. | It has been very boring here since he went away. |

12.4 Correspondences between adverbs of place and prepositions

You have already seen that one set of adverbs of place is used to express "where, what place," "there, that place," and "here, this place" with verbs indicating location, and that another set is used with verbs expressing motion in a specified direction. We can add a third set of adverbs indicating "from what place," "from that place," and "from this place."

in/at	to	from	
где́	куда́	отку́да	what place
там	туда́	отту́да	that place
здесь	сюда́	отсю́да	this place

Где вы живёте? Where do you live?
Куда вы шли? Where were you going?
Откуда вы получили Where did you get a let-
 письмо?   ter from?

Similar observations can be made concerning prepositions. One set is used to express place with complements of verbs indicating location, another set is used with complements of verbs expressing motion to or toward a specific destination, and a third set is used with complements of verbs expressing motion from or away from a specific place.

Location	Motion in direction X	Motion from direction X
(cf. где...)	(cf. куда...)	(cf. откуда...)
в + prep.	в + acc.	из + gen.
на + prep.	на + acc.	с + gen.
у + gen.	к + dat.	от + gen.
под + instr.	под + acc.	[из-под + gen.]
за + instr.	за + acc.	[из-за + gen.]

Анна была в комнате. Anna was in the room.
Анна вошла в комнату. Anna entered the room.
Анна вышла из комнаты. Anna left the room.

Иван был на собрании. John was at the meeting.
Иван пришёл на собрание. John arrived at the meeting.
Иван ушёл с собрания. John left the meeting.

12.5 Ни разу ... не + verbs vs. не раз

Note carefully the distinction between the following expressions with раз:

ни разу ... не + verb - not even once

   В прошлом году он ни разу не ходил в кино.
      Last year he didn't go to the movies a single time.

Cf. Я ни одного слова не понял в этом письме.
      I didn't understand a single word in that letter.

не раз - more than once, not just once

   Борис не раз встречал Лизу в этом ресторане.
      Boris met Liza at that restaurant more than once.

12.6 The numeral óба/óбе

The numeral óба/óбе 'both' has a masculine/neuter form and a feminine form:

N.	óба m. and n.	óбе f.
A.	= N. or G.	
G., P.	обóих	обéих
D.	обóим	обéим
I.	обóими	обéими

Like два́/две́, when óба/óбе is used in the nominative and non-animate accusative, it is used with a noun in the genitive singular and a modifier in the genitive or nominative plural:

У меня́ óба францу́зских журна́ла.	I have both French magazines.
Я купи́л óбе нóвые кни́ги.	I bought both new books.

When used in any case other than the nominative or the non-animate accusative, óба/óбе acts like an adjective, agreeing in gender and case with a plural noun or pronoun.

Мы́ говори́ли с обéими краси́выми студéнтками.	We talked with both pretty students.
Я купи́л кни́ги для ни́х обóих.	I bought books for both of them.

12.7 Collective numerals

The collective numerals двóе (2), трóе (3), and чéтверо (4) are rather frequently encountered; collectives above 'four' (пя́теро, шéстеро, etc.) are rare:

	двóе	чéтверо
G., P.	двои́х	четверы́х
D.	двои́м	четверы́м
I.	двои́ми	четверы́ми

Collective numerals up to four are used in the nominative and accusative with nouns which do not have singular forms. From 5 on either the collective or the cardinal is used. These collective numerals up to 4 also may be used with substantives designating persons of male sex and personal pronouns. In these constructions the nouns and pronouns are in the genitive plural. The verb is either neuter singular or plural.

Двóе часóв лежи́т на столé.	There are two watches on the table.

Нас было трое.   There were three of us.

In cases other than the nominative or the non-animate accusative, the collective acts like an adjective, agreeing in number and case with a plural noun or pronoun:

Мы встретились с ними   We met the three of
 троими.   them.

12.8 Dates

Ordinal numerals have the form of adjectives. The ordinals 'first' through 'twelfth' have occurred as separate vocabulary items. With few exceptions the ordinal numeral is easily recognizable if the cardinal form is known.

Pay special attention to the role of the ordinal in expressing the date of a month. If the date is comprised of a compound number, the first element of the compound is an uninflected cardinal number and the second element is an ordinal, which agrees in case, number and gender with число 'number' or 'date,' which may be omitted:

Сегодня двадцать пятое   Today is the 25th of
 (число) февраля.   February.
Сегодня понедельник вто-   Today is Monday, the 2nd
 рое апреля.   of April.

Note the use of the genitive case in a meaning like English 'on' a certain date (cf. сегодня).

Мы пришли двадцать пер-   We arrived on the 21st
 вого января.   of January.
Она уехала в среду, один-   She left on Wednesday,
 надцатого мая.   the 11th of May.

The ordinal numeral is the last element in an expression which indicates the year. It is masculine in gender because it modifies the noun год 'year,' which determines the case of the ordinal. The cardinal numerals remain unchanged. For example,

Тысяча девятьсот шесть-   The year 1968.
 десят восьмой год.
Колумб открыл Америку в   Columbus discovered
 тысяча четыреста девяно-   America in 1492.
 сто втором году.

The genitive case also is used to express the year if it is preceded by the date and/or the month:

Сегодня восьмое мая тысяча девятьсот семьдесят второго года.	Today is the 8th of May, 1972.
Где был Колумб в пятницу, тринадцатого февраля тысяча четыреста девяносто второго года?	Where was Columbus on Friday, the 13th of February, 1492?

12.9 Telling time

Telling time in Russian makes use of both cardinal and ordinal numerals. For official purposes (army, radio, trains, etc.) the 24-hour clock is used:

восемнадцать (часов) шестнадцать (минут)	6:16 p.m.
три (часа) сорок семь (минут)	3:47 a.m.
двадцать три (часа) сорок (минут)	11:40 p.m.

Everyday usage, however, is not so simple. For example, five o'clock is пять часов. The fifth hour пятый час, however, can be any time between four and five o'clock, but it usually refers to the time between 4 and 4:30.

During the first half of the hour, from 5:01 to 5:30, minutes are expressed with the cardinal numeral and the hour is expressed with the ordinal of the next hour in the genitive case. In Russian 5:16 would be formulated as 16 minutes of the 6th (hour):

шестнадцать минут шестого (часа)	5:16

During the second half of the hour, from 3:31 to 3:59, the hour is expressed by the cardinal of the next hour and the number of minutes is also expressed with the cardinal numeral. In Russian, 3:47 would be formulated as 4 (o'clock) minus (i.e. without) 13 (minutes); however, Russian word order puts the minus first and the hour following:

без тринадцати (минут) четыре (часа)	3:47

'At' is expressed by в + acc.:

Он уехал в два часа.	He left at 2 o'clock.
Он нас встретил в три минуты восьмого (часа).	He met us at 7:03.
Он уехал часов в пять.	He left at about 5 o'clock.

The preposition в is not normally used when the time expression begins with без; however, в is used when the word order is reversed:

Царь у́мер в час без четырёх (мину́т) у́тром.   The tsar died at 12:56 a.m.

EXERCISES

A. Russian-to-English translation practice

1. Умри́ он, я не зна́ла бы, что де́лать. 2. Не будь её, я бы не мог жить в тако́м го́роде. 3. В свобо́дные часы́ Пётр говори́т с Ли́зой, а я рабо́тай. 4. Перед тем как я вы́шел из ко́мнаты, я заме́тил, как Бори́с даёт О́льге кни́гу, кото́рую он нашёл. 5. Как то́лько я вошёл в ко́мнату, я нашёл о́ба мои́х неме́цких журна́ла. Они́ лежа́ли на столе́. 6. С тех пор, как мой сын на́чал занима́ться есте́ственными нау́ками, как он сча́стлив! Он бу́дет настоя́щим учёным. 7. Мы до́лго стоя́ли в саду́ и говори́ли друг с дру́гом, пока́ её оте́ц не прие́хал с фа́брики. Ах, каки́м я был счастли́вым! 8. Вы не мо́жете себе́ предста́вить, что я слы́шал об э́той де́вушке на про́шлой неде́ле; но я пока́ вам не скажу́. 9. Она́ жила́ за грани́цей три ме́сяца пока́ она́ писа́ла кни́гу о свои́х путеше́ствиях по ю́жным и за́падным шта́там Аме́рики. 10. Ра́ньше они́ мно́го ду́мали о бу́дущем, и ма́ло о настоя́щем и про́шлом. 11. Он сел на стул, сиде́л там не́сколько мину́т; но вдруг встал со сту́ла, и лёг на дива́н. 12. Я заме́тил, что у вас дво́е часо́в, но у э́той бе́дной студе́нтки нет ни одни́х часо́в. 13. Нас бы́ло тро́е, когда́ он пришёл и лёг спать. 14. Я хочу́ предста́вить вас О́льге Андре́евне в четве́рг, четвёртого (числа́) февраля́, в четы́ре часа́ дня. 15. Пётр говори́л с ни́ми четверы́ми в после́дний раз в пе́рвых чи́слах ме́сяца января́ про́шлого го́да. 16. В че́тверть двена́дцатого Ива́н стал переводи́ть э́то письмо́ с англи́йского на ру́сский язы́к. Ива́н не́сколько дней тому́ наза́д перевёл его́ на неме́цкий язы́к. Письмо́ должно́ быть интере́сно. 17. Он гото́вился уе́хать днём, в час, но так как пошёл снег он ушёл то́лько в полови́не тре́тьего (ча́са), когда́ снег уже́ прошёл. 18. Пре́жде чем пить пи́во с мои́ми това́рищами в полови́не двена́дцатого, мне на́до перевести́ главу́ из рома́на «Война́ и мир» Толсто́го. 19. Эта ко́мната вам бу́дет пригото́влена без че́тверти де́вять. Отсю́да мо́жно ви́деть мо́ре. 20. Я слы́шал, что вели́кий царь у́мер без пяти́ (мину́т) во́семь в пя́тницу, пе́рвого (числа́) ма́рта ты́сяча восемьсо́т во́семьдесят пе́рвого го́да. 21. Как изве́стно, луна́ представля́ет собо́й спу́тник земли́. 22. Ско́лько вам лет?[1] Мне два́дцать оди́н год, а мое́й сестре́ лет шестна́дцать. 23. Весь мир зна́ет о том, что при Ста́лине люде́й ча́сто посыла́ли в Сиби́рь. 24. Мать повтори́ла ещё раз: встань и ложи́сь спать! 25. Встав

ра́ньше му́жа и оде́вшись, жена́ се́ла за сто́л и начала́ чита́ть вчера́шнюю газе́ту. 26. Э́то ме́сто свобо́дно. Пожа́луйста, пу́сть она́ ся́дет сюда́! 27. То́лько предста́вьте себе́! Отту́да мо́жно ви́деть са́д, и за са́дом да́же ре́ку. 28. Я повторю́, что мне́ всё равно́, отку́да вы получи́ли после́дние изве́стия о моём му́же. И мне́ всё равно́ да́же, что́ бы вы́ ни ду́мали. 29. Мне́ прихо́дится ва́м сказа́ть, что о́н ни ра́зу не бра́л наза́д свои́х сло́в. 30. На про́шлой неде́ле я не ра́з ви́дел, ка́к э́тот изве́стный учёный ждёт ту́ же краси́вую же́нщину пе́ред музе́ем.

1. When the gen. pl. is required in a numerical expression, e.g. after пя́ть, мно́го, etc., ле́т (gen. pl. of ле́то) replaces годо́в (gen. pl. of го́д).

B. Dictionary practice

1. Ленингра́д (Leningrad)

Ленингра́д — оди́н из наибо́лее краси́вых городо́в Сове́тского Сою́за, оди́н из важне́йших промы́шленных, культу́рных и нау́чных це́нтров страны́, оди́н из са́мых значи́тельных це́нтров техни́ческого прогре́сса Сове́тского Сою́за, важне́йший морско́й по́рт на Ба́лтике, и второ́й по величине́ и чи́сленности населе́ния го́род в стране́ — чи́сленность населе́ния тепе́рь бо́лее четырёх миллио́нов челове́к.

Ленингра́д нахо́дится на берега́х реки́ Невы́ и на острова́х не́вской де́льты. Го́род осно́ван в ты́сяча семьсо́т тре́тьем году́. До ты́сяча девятьсо́т четы́рнадцатого го́да Ленингра́д называ́лся Са́нкт-Петербу́рг; с а́вгуста ты́сяча девятьсо́т четы́рнадцатого го́да Ленингра́д называ́лся Петрогра́д; и с двадца́ть шесто́го января́, ты́сяча девятьсо́т два́дцать четвёртого го́да э́тот го́род называ́ется Ленингра́д.

С ты́сяча семьсо́т двена́дцатого го́да до ма́рта ты́сяча девятьсо́т восемна́дцатого го́да Ленингра́д бы́л столи́цей госуда́рства. Столи́ца тепе́рь Москва́.

2. Же́нский вопро́с ("Women's Lib" — lit. "The Feminist Question")

Оди́н из важне́йших вопро́сов маркси́зма-ленини́зма — вопро́с о путя́х и сре́дствах освобожде́ния трудя́щихся же́нщин от капиталисти́ческой эксплуата́ции, о путя́х и сре́дствах улучше́ния и́х положе́ния, установле́ния равнопра́вия же́нщин с мужчи́нами во все́х областя́х жи́зни и та́к да́лее.

XII-170

Великая Октябрьская социалистическая революция, которая установила диктатуру пролетариата в России и открыла новую эру — эру социалистических и национально-освободительных революций, эру коммунизма, впервые в истории освободила трудящихся женщин.

Женский вопрос стоит в центре внимания коммунистической партии Советского Союза и коммунистических партий всех национальных, зависимых и капиталистических стран.

Коммунистическая партия Советского Союза и Советская власть осуществили политические, организационные, экономические и культурные мероприятия, которые навсегда освободили трудящихся женщин, и обеспечили их равноправие с мужчинами.

     Adapted from Большая
     Советская Энциклопедия

VOCABULARY

будущий	future, next
великий	great
год (в году; n. pl. года or годы)	year (cf. 2.4)
двенадцатый	twelfth
месяц	month
минута	minute
мир	world; peace
назад, тому назад	back; ago
настоящий	present, real
неделя	week
оба m. and n., обе f.	both, the two (§6)
откуда, отсюда, оттуда	from where, from here, from there
перед (+ instr.)	before, in front of; prior to
Пётр	Peter
пока	while; for the time being
половина	half
последний	last
прежде	before
прошлый	past
путешествие	journey, trip; travel
[равно]	
всё равно (+ dat.)	it's all the same (to)
раз (gen. pl. раз)	once, a time
не раз	more than once, not just once (§5)
ни разу...не + verb	not once (§5)

ра́ньше	earlier, before; formerly
с (+ gen.)	from
свобо́дный	free
Сиби́рь	Siberia
Ста́лин	Stalin
счастли́вый	happy
ча́с	hour, o'clock
часы́ (pl. only)	watch, clock; hours
че́тверть f.	a quarter, fourth
число́	number, date
янва́рь	January
февра́ль	February
ма́рт	March
апре́ль	April
ма́й	May
ию́нь	June
ию́ль	July
а́вгуст	August
сентя́брь	September
октя́брь	October
ноя́брь	November
дека́брь	December

встава́ть (встаю́т)	I	stand up, get up
вста́ть (вста́нут)	P	
гото́вить	I	prepare
пригото́вить	P	
замеча́ть	I	take notice of, remark, observe
заме́тить	P	
ложи́ться	I	lie down
ле́чь (ля́гут; лёг, легло́)	P	
находи́ть	I	find
найти́ (найду́т; нашёл, нашло́)	P	
переводи́ть	I	translate, lead across
перевести́ (переведу́т; перевёл)	P	
повторя́ть	I	repeat
повтори́ть	P	
представля́ть	I	to present, introduce;...себе́ (dat.) imagine;...собо́й (instr.) be
предста́вить	P	
сади́ться	I	sit down
се́сть (ся́дут; се́л)	P	
слы́шать (слы́шат)	I	hear
услы́шать (услы́шат)	P	

APPENDIX

A. Spelling rules

The summary below will help explain certain consonant-vowel combinations.

1. The following rule operates in any environment:

after к, г, х, ж, ч, ш, щ, ц } ы → и ; я → а, ю → у

2. Certain nominal and adjectival grammatical suffixes which are spelled with either o or e are affected as follows:

after ж, ч, ш, щ, ц
   i. o if the ending is stressed
   ii. e if the ending is unstressed

For example:

    i. nouns

n. nom.-acc. sg.	кольцо́ *ring*	се́рдце *heart*
m., n. and f. sg. instr.	отцо́м	не́мцем
	кольцо́м	се́рдцем
	госпожо́й	зада́чей
m. pl. gen.	отцо́в	не́мцев

    ii. adjectives

n. sg. nom.-acc.	большо́е	хоро́шее
m. and n. sg. gen.	большо́го	хоро́шего
m. and n. sg. prep.	большо́м	хоро́шем
f. sg. gen., dat., instr., prep.	большо́й	хоро́шей
n. short form	хорошо́	

B. Consonantal mutations

   Mutation of the stem-final consonants of certain verbs under specific conditions is discussed in Lesson V.3. However, as you have had occasion to observe, changes of this type are not limited to this situation alone: for example отéц, óтчество *patronymic*; истóрик, истори́ческий; наýка, учёный, учи́ть; дорогóй, дорóже; предстáвить (предстáвлю), предстáвленный, представлéние, представля́ть.

   Listed below are the most common root-final consonantal mutations which occur in nominal and adjectival derivation, in the formation of the comparative degree, in verbal conjugation, and so forth.

г			м	>	мл
д	>	ж			
з			б	>	бл
			п	>	пл
х	>	ш			
с			в	>	вл
к			ф	>	фл
ц	>	ч			
т			д*	>	жд
ск	>	щ	т*	>	щ
ст					
к	>	ц			

C. Nominal and adjectival suffixes; pronominal suffixes and forms

   1. Nominal suffixes

Singular

Case	M.	N.	F.	F.	N.
N.	"zero"	-о/-е	-а/-я	"zero"	-я
A.	= N. or G.		-у/-ю		
G.	-а/-я[1]		-ы/-и		
P.	-е (-и after an и-stem)[2]			-и[2]	
D.	-у/-ю				
I.	-ом/-ем		-ой(ою)/ -ей(ею)	-ью	-ем

*These are known as Church Slavonic mutations.

Plural

Case	M.	F.	N.
N.	-ы/-и³		-а/-я
A.	= N. or G.		
G.	-ов/-ев, "zero," -ей	"zero," -ей	
P.	-ах/-ях		
D.	-ам/-ям		
I.	-ами/-ями (ьми)		

MASCULINE:

	table	student	comrade	dictionary	writer
N.	стóл	студéнт	товáрищ	словáрь	писáтель
A.	стóл	студéнта	товáрища	словáрь	писáтеля
G.	столá	студéнта	товáрища	словаря́	писáтеля
P.	столé	студéнте	товáрище	словарé	писáтеле
D.	столý	студéнту	товáрищу	словарю́	писáтелю
I.	столóм	студéнтом	товáрищем	словарём	писáтелем
N.	столы́	студéнты	товáрищи	словари́	писáтели
A.	столы́	студéнтов	товáрищей	словари́	писáтелей
G.	столóв	студéнтов	товáрищей	словарéй	писáтелей
P.	столáх	студéнтах	товáрищах	словаря́х	писáтелям
D.	столáм	студéнтам	товáрищам	словаря́м	писáтелях
I.	столáми	студéнтами	товáрищами	словаря́ми	писáтелями

NEUTER:

	museum	genius	letter	sea	building
N.	музéй	гéний	письмó	мóре	здáние
A.	музéй	гéния	письмó	мóре	здáние
G.	музéя	гéния	письмá	мóря	здáния
P.	музée	гéнии	письмé	мóре	здáнии
D.	музéю	гéнию	письмý	мóрю	здáнию
I.	музéем	гéнием	письмóм	мóрем	здáнием
N.	музéи	гéнии	пи́сьма	моря́	здáния
A.	музéи	гéниев	пи́сьма	моря́	здáния
G.	музéев	гéниев	пи́сем	морéй	здáний
P.	музéях	гéниях	пи́сьмах	моря́х	здáниях
D.	музéям	гéниям	пи́сьмам	моря́м	здáниям
I.	музéями	гéниями	пи́сьмами	моря́ми	здáниями

FEMININE:

	newspaper	student	village	history	role
N.	газе́та	студе́нтка	дере́вня	исто́рия	ро́ль
A.	газе́ту	студе́нтку	дере́вню	исто́рию	ро́ль
G.	газе́ты	студе́нтки	дере́вни	исто́рии	ро́ли
P.	газе́те	студе́нтке	дере́вне	исто́рии	ро́ли
D.	газе́те	студе́нтке	дере́вне	исто́рии	ро́ли
I.	газе́той / газе́тою	студе́нткой / студе́нткою	дере́вней / дере́внею	исто́рией / исто́риею	ро́лью
N.	газе́ты	студе́нтки	дере́вни	исто́рии	ро́ли
A.	газе́ты	студе́нток	дере́вни	исто́рии	ро́ли
G.	газе́т	студе́нток	дереве́нь	исто́рий	роле́й
P.	газе́тах	студе́нтках	дере́внях	исто́риях	роля́х
D.	газе́там	студе́нткам	дере́вням	исто́риям	роля́м
I.	газе́тами	студе́нтками	дере́внями	исто́риями	роля́ми

2. Adjectival suffixes

			Singular			Plural
			M.	N.	F.	
Inflected forms	Attributes	N.	-ый(о́й)/-ий, -й	-ое/-ее, -е	-ая/-яя, -я	-ые/-ие, -и
		A.	= N. or G.		-ую/-юю, -ю	= N. or G.
		G.	-ого/-его		-ой/-ей	-ых/-их
		P.	-ом/-ем			
		D.	-ому/-ему			-ым/-им
		I.	-ым/-им		-ой(ою)/-ей(ею)	-ыми/-ими
Non-inflected forms	Predicates		"zero"	-о/-е	-а/-я	-ы/-и
	Adverbs		-о/-е, -и			
	Comparatives		-ее(ей), -е			

difficult

	Singular			Plural
N.	тру́дн*ый*	тру́дн*ое*	тру́дн*ая*	тру́дн*ые*
A.	= N. or G.	тру́дн*ое*	тру́дн*ую*	= N. or G.
G.	тру́дн*ого*		тру́дн*ой*	тру́дн*ых*
D.	тру́дн*ому*		тру́дн*ой*	тру́дн*ым*
P.	тру́дн*ом*		тру́дн*ой*	тру́дн*ых*
I.	тру́дн*ым*		тру́дн*ой* } тру́дн*ою*	тру́дн*ыми*

Pred.: тру́ден, тру́дно, трудн*а́*, тру́дн*ы*
Adv.: тру́дно
Comp.: трудн*е́е*

young

	Singular			Plural
N.	молод*о́й*	молод*о́е*	молод*а́я*	молод*ы́е*
A.	= N. or G.	молод*о́е*	молод*у́ю*	= N. or G.
G.	молод*о́го*		молод*о́й*	молод*ы́х*
D.	молод*о́му*		молод*о́й*	молод*ы́м*
P.	молод*о́м*		молод*о́й*	молод*ы́х*
I.	молод*ы́м*		молод*о́й* } молод*о́ю*	молод*ы́ми*

Pred.: мо́лод, мо́лодо, молод*а́*, мо́лод*ы*
Adv.: ——
Comp.: моло́ж*е*

Russian

	Singular			Plural
N.	ру́сск*ий*	ру́сск*ое*	ру́сск*ая*	ру́сск*ие*
A.	= N. or G.	ру́сск*ое*	ру́сск*ую*	= N. or G.
G.	ру́сск*ого*		ру́сск*ой*	ру́сск*их*
D.	ру́сск*ому*		ру́сск*ой*	ру́сск*им*
P.	ру́сск*ом*		ру́сск*ой*	ру́сск*их*
I.	ру́сск*им*		ру́сск*ой* } ру́сск*ою*	ру́сск*ими*

Pred.: ——
Adv.: ——
Comp.: ——

good

	Singular			Plural
N.	хоро́ш*ий*	хоро́ш*ее*	хоро́ш*ая*	хоро́ш*ие*
A.	= N. or G.	хоро́ш*ее*	хоро́ш*ую*	= N. or G.
G.	хоро́ш*его*		хоро́ш*ей*	хоро́ш*их*
D.	хоро́ш*ему*		хоро́ш*ей*	хоро́ш*им*
P.	хоро́ш*ем*		хоро́ш*ей*	хоро́ш*их*
I.	хоро́ш*им*		хоро́ш*ей*,-*ею*	хоро́ш*ими*

Pred.: хоро́ш, хорош*о́*, хорош*а́*, хорош*и́*
Adv.: хорошо́
Comp.: ——

bad

N.	плох*о́й*	плох*о́е*	плох*а́я*	плох*и́е*
A.	= N. or G.	плох*о́е*	плох*у́ю*	= N. or G.
G.	плох*о́го*	плох*о́й*		плох*и́х*
D.	плох*о́му*	плох*о́й*		плох*и́м*
P.	плох*о́м*	плох*о́й*		плох*и́х*
I.	плох*и́м*	плох*о́й* / плох*о́ю*		плох*и́ми*

Pred.: пло́х, пло́хо, плоха́, пло́хи
Adv.: пло́хо
Comp.: ——

ancient

N.	дре́вн*ий*	дре́вн*ее*	дре́вн*яя*	дре́вн*ие*
A.	= N. or G.	дре́вн*ее*	дре́вн*юю*	= N. or G.
G.	дре́вн*его*	дре́вн*ей*		дре́вн*их*
D.	дре́вн*ему*	дре́вн*ей*		дре́вн*им*
P.	дре́вн*ем*	дре́вн*ей*		дре́вн*их*
I.	дре́вн*им*	дре́вн*ей* / дре́вн*ею*		дре́вн*ими*

Pred.: дре́вен, дре́вне, дре́вня, дре́вни
Adv.: ——
Comp.: древне́е

third

N.	тре́т*ий*	тре́т*ье*	тре́т*ья*	тре́т*ьи*
A.	= N. or G.	тре́т*ье*	тре́т*ью*	= N. or G.
G.	тре́т*ьего*	тре́т*ьей*		тре́т*ьих*
D.	тре́т*ьему*	тре́т*ьей*		тре́т*ьим*
P.	тре́т*ьем*	тре́т*ьей*		тре́т*ьих*
I.	тре́т*ьим*	тре́т*ьей* / тре́т*ьею*		тре́т*ьими*

Pred.: ——
Adv.: ——
Comp.: ——

3. Possessive, possessive interrogative and interrogative pronouns; demonstrative pronouns and 'all'

	Singular			Plural
	M.	N.	F.	
N.	"zero"⁴	-о/-е	-а/-я	-и, -е
A.	= N. or G.		-у/-ю	= N. or G.
G.	-ого/-его		-ой/-ей	-их, -ех
P.	-ом/-ем			
D.	-ому/-ему			-им, -ем
I.	-им/-ем		-ой(ою)/-ей(ею)	-ими, -еми

a) Possessive, possessive interogative and interrogative pronouns

my

	m.	n.	f.	pl.
N.	мо́й	мое́	моя́	мои́
A.	= N. or G.	мое́	мою́	= N. or G.
G.	моего́		мое́й	мои́х
P.	мое́м		мое́й	мои́х
D.	моему́		мое́й	мои́м
I.	мои́м		мое́й / мое́ю	мои́ми

our

	m.	n.	f.	pl.
N.	на́ш	на́ше	на́ша	на́ши
A.	= N. or G.	на́ше	на́шу	= N. or G.
G.	на́шего		на́шей	на́ших
P.	на́шем		на́шей	на́ших
D.	на́шему		на́шей	на́шим
I.	на́шим		на́шей / на́шею	на́шими

A-179

whose

	m.	n.	f.	pl.
N.	че́й	чьё	чья́	чьи́
A.	= N. or G.	чьё	чью́	= N. or G.
G.	чьего́		чье́й	чьи́х
P.	чьём		чье́й	чьи́х
D.	чьему́		чье́й	чьи́м
I.	чьи́м		чье́й / чье́ю	чьи́ми

who / what

	who	what
N.	кто́	что́
A.	кого́	что́
G.	кого́	чего́
P.	ко́м	чём
D.	кому́	чему́
I.	ке́м	чем

b) Demonstrative pronouns and 'all'

this

	m.	n.	f.	pl.
N.	э́тот	э́то	э́та	э́ти
A.	= N. or G.	э́то	э́ту	= N. or G.
G.	э́того		э́той	э́тих
P.	э́том		э́той	э́тих
D.	э́тому		э́той	э́тим
I.	э́тим		э́той / э́тою	э́тими

that

	m.	n.	f.	pl.
N.	то́т	то́	та́	те́
A.	= N. or G.	то́	ту́	= N. or G.
G.	того́		то́й	те́х
P.	то́м		то́й	те́х
D.	тому́		то́й	те́м
I.	те́м		то́й / то́ю	те́ми

all

	m.	n.	f.	pl.
N.	ве́сь	всё	вся́	все́
A.	= N. or G.	всё	всю́	= N. or G.
G.	всего́		все́й	все́х
P.	всём		все́й	все́х
D.	всему́		все́й	все́м
I.	все́м		все́й / все́ю	все́ми

4. First, second and third person personal pronouns

	1st sg.	2nd sg.	3rd sg. m.	3rd sg. n.	3rd sg. f.
N.	я	ты	он	оно́	она́
A.	меня́	тебя́	его́		её
G.	меня́	тебя́	его́		её
P.	мне́	тебе́	нём		не́й
D.	мне́	тебе́	ему́		е́й
I.	мно́й / мно́ю	тобо́й / тобо́ю	им		е́й / е́ю

	1st pl.	2nd pl.	3rd pl.
N.	мы́	вы́	они́
A.	на́с	ва́с	и́х
G.	на́с	ва́с	и́х
P.	на́с	ва́с	ни́х
D.	на́м	ва́м	и́м
I.	на́ми	ва́ми	и́ми

5. The reflexive pronoun "self" (cf. 1st sg. and 2nd sg. personal pronouns)

N.	—
A.	себя́
G.	себя́
P.	себе́
D.	себе́
I.	собо́й / собо́ю

D. Verbal suffixes

INFINITIVE		-ть, -ти́, -чь			
T FORM		Sg.		Pl.	
		I	II	I	II
	1st	-у (-ю)	-ю (-у)	-ем	-им
	2nd	-ешь	-ишь	-ете	-ите
	3rd	-ет	-ит	-ут (-ют)	-ят (-ат)
2ND IMPERATIVE		-∅, -и		-∅те, -ите	
Л FORM		m.	n.	f.	pl.
		-л, ∅	-ло	-ла	-ли
ACTIVE PARTICIPLE	Pres.	-ущий (-ющий) -ящий (-ащий)			
	Past	-[в]ший			
PASSIVE PARTICIPLE	Pres.	-емый, -имый			
	Past	-тый, енный, -нный			
GERUND	Imperf.	-я (-а) [5]			
	Perf.	-в, -[в]ши [6]			
[VERBAL NOUN]		-тие, -ение, -ние			

A-182

	Imperfective	Perfective

Infinitive

    объясня́ть   объясни́ть

T form

    Type I   Type II

    объясня́ю   объясня́ем   объясню́   объясни́м
    объясня́ешь объясня́ете   объясни́шь объясни́те
    объясня́ет   объясня́ют   объясни́т   объясня́т

2nd Imperative

    объясня́й   объясня́йте   объясни́   объясни́те

Л form

    объясня́л   объясни́л
    объясня́ло объясня́ли   объясни́ло объясни́ли
    объясня́ла   объясни́ла

Active participle

                       present

    объясня́ющий   ———

                       past

    объясня́вший   объясни́вший

Passive participle

                       present

    объясня́емый   ———

                       past

    ———   объяснённый

Gerund

    объясня́я   объясни́в

Verbal noun

    ———   объясне́ние

E. A brief note on word formation

An acquaintance with some of the principles of Russian word formation will frequently aid in guessing the meaning of words which seem to resemble words already known. Awareness of these principles can also aid in remembering the meanings of many new vocabulary items. For a more detailed study see Charles E. Gribble, *Russian Root List* (Columbus, Ohio: Slavica, 1981) and Charles E. Townsend, *Russian Word Formation* (New York: McGraw-Hill, 1968; corrected reprint, Cambridge, Mass.: Slavica, 1975 and Columbus: Slavica, 1980).

A study of word formation is a study of roots, prefixes and suffixes, and how certain or all of these elements combine to form lexical items.

A root is that part of a word which expresses its basic meaning. A root is the base element to which prefixes and suffixes may be added. It may be shared by a number of words representing a variety of parts of speech. Take, for example, the root *пис* (write, *scribe*): *писа́ть* verb to write; *писа́тель* noun writer; *описа́ние* noun description; *напи́санный* participle written; *письмо́* noun letter; *пи́сьменно* adverb in writing; *пи́сьменный* adjective writing, written; *пи́сьменность* noun the written language.

A prefix is an affix which occurs before the root: *описа́ние* (description), *написа́ть* (to write).

Suffixes are affixes which occur after the root. This category of affixes includes both formative suffixes and inflectional endings. Formative suffixes occur between the root and the inflectional ending. For example: *писа́тель* (writer), *напи́санный* (written).

1. Roots

As can be seen from the examples below the same root can appear in different forms: *конец*, *конеч*, *конч* (end) or *уч*, *ук* (teach, learn). See the list of root final consonantal mutations on p.173 .

коне́ц noun end
коне́чно adv. of course
наконе́ц adv. finally
конча́ть verb to end, finish

учи́ть verb to teach, learn
учи́тель noun teacher
учёный adj. scholar, scientist
нау́ка noun science

Certain roots occur in both their Russian and Church Slavonic spellings: for example, roots which involve "р" and "л" in combination with certain vowels. The word containing the root in its Russian spelling has a more generalized meaning, whereas in its Church Slavonic spelling the root gives a more specialized or abstract meaning to the word.

Russian		Church Slavonic	
оро	го́род city	ра	Ленингра́д Leningrad
			граждани́н citizen
ере	дере́вня village, country	ре	дре́вний ancient
	пе́ред before		предви́деть foresee
оло	голова́ head	ла	глава́ chapter
			гла́вный main
	го́лос voice		согла́сный in agreement
оло	молоко́ milk	ле	млекопита́ющий mammal (cf. пи́ть to drink)

2. Affixes

Given below is a brief list of prefixes and suffixes and their general meaning. Most of the words have appeared already in the vocabularies which accompany the preceding lessons. The roots which occur in the following examples should be somewhat familiar to you: бр, бер, бир take; вет say, speak; вид see, *vid*; вод, вёд lead, *duce*; вод water; говор, говар speak, talk; дад, дав, дай give; дел do, make; дум think; жив live; игр play; йд go; клад place; крой, крый cover; куп buy; лаг, лёг, лог, ляг lie, lay, place, *pose, pone*; лив, лий, льй flow, *flu*; люб love, like; мог can, able to; нов new; нёс, нос carry; пив, пий, пьй drink; пис write, *scribe*; пуск, пуст let; работ work; сид sit; смотр, сматр look at; сп sleep; став, стан, станов, стой stand, *pose*; ход go; щд, шед go. Latin translations have been italicized.

A. *Prefixes*

Many prefixes correspond to prepositions. You can frequently guess the meaning of the word based on a knowledge of the basic meaning of the root plus the general meaning that you attach to the preposition. Only verbal prefixes are given below. This should be sufficient for an introduction to the role played by prefixes in extending the meaning of a root.

1. в-/во- in, into, *in, intro, en*
    входи́ть - войти́ go into, enter
    впи́сывать - вписа́ть inscribe, insert

вз- (вс-⁷)/воз- (вос-⁷)   a) up b) *re* (воз-, вос- only)
  a) всходи́ть - взойти́   go up, ascend
    возноси́ть - вознести́ lift up
  b) возлежа́ть - возле́чь   recline
    возобновля́ть - возобнови́ть   renew

вы- a) out, *ex*   b) finish successfully
  a) выходи́ть - вы́йти   go out, exit
    выбира́ть - вы́брать   pick out, choose
  b) выи́грывать - вы́играть   win
    выу́чивать - вы́учить   learn

до- to end, to certain point
    доходи́ть - дойти́   go up to
    допива́ть - допи́ть   drink up

за- (categories of meaning too numerous for one or two broad categories)

из- (ис-⁷)/изо-   a) out, *ex*   b) to extreme degree
  a) исходи́ть - изойти́   come out of, issue
    избира́ть - избра́ть   choose, elect
  b) изуча́ть - изучи́ть   study, master
    изнемога́ть - изнемо́чь   be exhausted

на- a) on, upon   b) in quantity
  a) находи́ть - найти́   come upon, find
    накла́дывать - наложи́ть   put/lay on
  b) налива́ть - нали́ть   fill, pour out
    наводня́ть - наводни́ть   flood, inundate

низ- (нис-⁷)/низо-   down, *de*
    нисходи́ть - низойти́   descend, go down
    низлага́ть - низложи́ть   depose, dethrone

о-/об-/обо- around, *circum*
    обходи́ть - обойти́   go around, circumvent
    осма́тривать - осмотре́ть   examine, look around

от-/ото-   a) off, away from, *dis*, *de*   b) back, *re*
  a) отходи́ть - отойти́   go away from
    открыва́ть - откры́ть   open, discover
  b) отдава́ть - отда́ть   give back, return
    отвеча́ть - отве́тить   answer, respond

пере-/пре- a) across, over, *trans*   b) over, in excess   c) repeat, *re*
  a) переходи́ть - перейти́   go across
    переводи́ть - перевести́   translate
  b) преувели́чивать - преувели́чить   exaggerate
    перепива́ться - перепи́ться   get drunk

c) переписывать - переписать rewrite
   переделывать - переделать do anew, alter

по- a) start b) for short time
  a) пойти P set out
     полюбить P begin to love
  b) поговорить P have a talk
     посидеть P sit for a while

под-/подо- a) up to b) under, *sub* c) underhandedly
  a) подходить - подойти go up to, approach
     подносить - поднести bring, present
  b) подписывать - подписать subscribe, sign
     подлежать (imperf. only) be subject to
  c) подкупать - подкупить bribe
     подсматривать - подсмотреть spy

пред-/предо- before, fore, for, *pre*
  предвидеть (imperf. only) foresee
  представлять - представить present

при- to, *ad, a*
  приходить - прийти go to, arrive
  приписывать - приписать ascribe, attribute

про- a) through, by, past, *pro* b) for certain time period
  a) проходить - пройти go through, go past, proceed
     продолжать - продолжить prolong, continue
  b) просиживать - просидеть sit for a certain time
     пробыть (perf. only) stay for a certain time

раз- (рас-[7])/разо- a) disperse, divide, *dis, de* b) reversal, un, *dis, de*
  a) раздавать - раздать distribute
     разбирать - разобрать take to pieces, disassemble
  b) раскрывать - раскрыть uncover, disclose
     разлюбить (perf. only) stop loving

с-/со- a) together, *con, com, co* b) down, off
  a) собирать - собрать gather together
     соответствовать (imperf.) correspond
       (cf. ответ)
  b) сходить - сойти go down, set off
     спускать - спустить let down, lower

у- away
  уходить - уйти go away
  убирать - убрать take away, remove

2. A few prefixes, especially о- and у-, appear with verbs formed from adjectives, nouns, pronouns or numerals. Such verbs can indicate accomplishment of the state denoted by the adjective, noun, pronoun or numeral, for example:

освобожда́ть I освободи́ть P *liberate* (cf. свобо́да *freedom*, свобо́дный *free*)
улучша́ть I улучши́ть P *improve* (cf. лу́чший *better*)

B. *Suffixes*

The suffixes listed below are described in relation to the particular stem to which they are added (noun, adjective, verb). A stem is a root plus its prefixes and formative suffixes, i.e. everything but the inflectional ending.

1. Nouns (see also 6.9 and 8.10)

-тель m./-тельница (to infinitive verbal stem), one who or that which carries out the action described by the verb.

писа́тель/писа́тельница	writer	(писа́ть)
учи́тель/учи́тельница	teacher	(учи́ть)
чита́тель/чита́тельница	reader	(чита́ть)
жи́тель/жи́тельница	inhabitant, resident	(жи́ть)
носи́тель	bearer	(носи́ть)

-ость f. (to adjectival and participial stems), denotes quality of adjective/participle.

ста́рость	old age	(ста́рый)
бе́дность	poverty	(бе́дный)
тру́дность	difficulty	(тру́дный)
дре́вность	antiquity	(дре́вний)
изве́стность	reputation, fame	(изве́стный)

-ство (to noun and adjectival as well as other stems), abstract noun

де́тство	childhood	(де́ти)
бра́тство	brotherhood	(бра́т)
бога́тство	riches	(бога́тый)
знако́мство	acquaintance	(знако́мый)
госуда́рство	state	(госуда́рь sovereign)

-ик/-ица, -ник/-ница, -щик/-щица, -чик/-чица (to noun, adjectival and other stems), denotes persons or occupations

а́томщик	atom bomb maniac	(а́том)
газе́тчик	newsboy	(газе́та)

шко́льник, -ница	student	(шко́ла)
есте́ственник, -ница	naturalist	(есте́ственный)
спу́тник	satellite	(пу́ть way, road)

2. Adjectives

   -ный/-нóй (to noun stem),

тру́дный	difficult	тру́д
у́мный	wise	у́м
гла́вный	main	глава́
кни́жный	book	кни́га
речно́й	river	река́

   -ний/-шний (to noun, adverbial and other stems),
   mostly concern time or place.

зи́мний	winter	зима́
у́тренний	morning	у́тро
пере́дний	front	пе́ред
сего́дняшний	today's	сего́дня
зде́шний	of this place	зде́сь

   -ский (-ско́й)/-еский (to noun stem)

же́нский	female	жена́
мужско́й	male	му́ж
сове́тский	soviet	сове́т
челове́ческий	human, humane	челове́к
дру́жеский	friendly	дру́г

F. A note on the old orthography

An orthographic reform of 1917 covered a number of points which you may need to be aware of if your Russian reading materials were printed prior to this reform. A brief summary of this reform is given below.

   1. "ъ" was abolished except within a word (субъектъ > субъект_).
   2. "ѣ" was replaced by "е" (ѣхать > ехать). But the 3rd pers. pl. fem. pronoun онѣ > они; and the fem. pl. "some" однѣ, однѣхъ, однѣмъ, однѣми > одни, одних, одним, одними.
   3. "і" was replaced by "и" (Россія > Россия).
   4. "ѵ" was replaced by "и" (Сѵнодъ > Синод_).
   5. "θ" was replaced by "ф" (анаθема > анафема).
   6. "-аго/-яго," the gen. sg. masc. and neut. adj. suffix, was replaced by "-ого/-его" (новаго > нового, синяго > синего; n.b. хорошаго > хорошего).

7. "-ыя/-ія," the nom. fem. and neut. adj. suffix, was replaced by "-ые/-ие" (молод*ыя* > молод*ые*, сін*ія* > сін*ие*).
   "-ые/-ie," the nom. pl. masc. suffix, was affected in accordance with item 3 above, that is, the "-ie" suffix was to be spelled "-ие" (молод*ые* > no change, сін*ie* > сін*ие*).

8. "ея," the gen. sg. pers. fem. pronoun, was replaced by "её," the old acc. sg. fem. form.

9. The prefixes без- and через- (чрез-) were to be spelled бес- and через- (чрез-) before п, т, с, к, ф, х, ц, ч, ш and щ (безсмéртный > бессмéртный).

10. The prefixes из-, воз-, вз-, раз-, роз- and низ- even prior to the reform were spelled ис-, вос-, вс-, рас-, рос-, нис- before the consonants п, т, к, ф, х, ц, ч, ш and щ (i.e. исходи́ть). The spelling reform added "с" to this list of consonants (разскáзъ > расскáз_).

G. Word order

The order in which Russian words occur in a sentence varies. Some sentence patterns, however, are semantically neutral, whereas others indicate a degree of emphasis on one of the semantic units of the sentence.

In most instances the neutral ordering of words in a sentence consisting of a subject, verb and object is just as it is in English, i.e. subject-verb-object: Ивáн читáл кни́гу "John was reading a book." A different word order, for example, Кни́гу Ивáн читáл, shifts the emphasis to "book." A possible translation might be "It was a book that John was reading (not a newspaper, etc.). And Ивáн кни́гу читáл emphasizes the verb: "John was *reading* the book" (as opposed to *buying* it, etc.). If, however, the object is a pronoun, neutral Russian word order is subject-object-verb: Я егó ви́жу "I see him," Ивáн э́то сказáл "John said that."

Adjectives and adjectival pronouns normally precede the noun with which they agree, just as adverbs generally precede the verb which they modify: *Эта краси́вая* дéвушка *дóлго* рабóтала сегóдня "That pretty girl worked for a long time today." Occasionally, however, an adjective or possessive pronoun will follow the modified noun especially if this grammatical unit is at the beginning of a sentence: Задáча *эта* óчень трýдная "This task is very difficult" or Сестрá *её* живёт тáм "Her sister lives there." The possessive pronominal forms егó, её and úх normally however precede the word designating the thing possessed: Егó кни́га та́м на столе́ "His book is there on the table." On the other hand, possessive nouns or adjectival phrases follow the thing possessed: Кни́га краси́вой де́вушки та́м на столе́ "The pretty young girl's book is there on the table."

NOTES

1. Certain masculine nouns also have a genitive partitive suffix in -у/-ю (10.2).
2. Certain masculine nouns also have a prepositional or locative suffix -ý/-ю́; and certain feminine nouns have a prepositional or locative suffix -и́ (2.4 and footnote 4, p. 40.
3. Certain masculine nouns have a nominative plural suffix in -а/-я or е (9.2).
4. Кто́, which does not have a "zero" suffix in the nominative singular, is syntactically masculine.
5. Occurs with very few perfective verbs.
6. Occurs with very few imperfective verbs.
7. The final "з" of a prefix is written "с" if it immediately precedes a voiceless consonant, that is, it is written as it is pronounced (see p. 18).

RUSSIAN-ENGLISH VOCABULARY

The lesson in which each word first occurs, plus the number of any special paragraph in which it is discussed, is indicated for most entries.

Verb definitions are usually given for the imperfective aspect only. Verbs which end in -ить are conjugated like говорить, those which end in -ать like читать, those in -овать like советовать. Exceptional stems are given.

The gender of feminine nouns which end in a soft sign is noted. Unmarked nouns ending in a soft sign are masculine. The following notations have been used with certain words: (+e) and (+o) indicate an inserted vowel before the final consonant of the "zero" genitive plural ending; (-e), (-o) and (-и) indicate a vowel that appears only in the final syllable of the nominative and non-animate accusative masculine forms.

а	and, but I
август	August XII
автобус	bus VI
автомобиль	automobile II
автор	author II
адвокат	lawyer V
Азия	Asia VIII
академия	academy VIII
Америка	America VI
американец (-е)	American II
американка (+о)	American woman II
американский	American IV
английский	English V
англичанин (N. pl. англичане)	Englishman IX.2
англичанка (+о)	Englishwoman IX
Англия	England VII
Анна	Anna II
апрель	April XII
бабушка	grandmother X
банк	bank I
бедный	poor II
без (+ gen.)	without III
белый	white VII

бе́рег (на берегу́; n.pl. берега́) — bank, shore, coast III; IX.2 (cf. II.4)
библиоте́ка — library IV
биллио́н (миллиа́рд) — billion (1,000,000,000) XI
Бог — God IX
бога́тый — rich II
бо́лее — more XI.4
бо́льше — more, bigger XI.4
бо́льше не — no more, no longer (cf. уже́ не)
бо́льший — bigger XI.4
большо́й — big, large IV
бо́мба — bomb IV
Бори́с — Boris II
Босто́н — Boston VII
брат (N.pl. бра́тья) — brother III; IX.2
брать (беру́т) — take VIII
бу́дущий — future; next XII
бы (б) — X.3, 5, 7
быва́ть I — be frequently, repeatedly, habitually; happen, occur VIII
бы́вший — former, ex- VIII
бы́стрый — quick, fast III
быть (бу́дут) — be II; IV.2

в, во (+ prep.) — in, inside; at II
(+ acc.) — in, into; to IV
в то вре́мя как — while XII.3
ва́жный — important V
Ва́ня m. — Vanya (dim. of Ivan) VI.6
ваш, ва́ше, ва́ша — your, yours (pl.) III.6
Вашингто́н — Washington V
введе́ние — introduction IX
ввести́ (введу́т; ввёл) P — *see* вводи́ть XI
вводи́ть (вво́дят) I — lead in XI
вдруг — suddenly V
вели́кий — great XII
Ве́ра — Vera III
верну́ть P — *see* возврати́ть XI
верну́ться P — *see* возврати́ться XI
весна́ — spring VII
вести́ (веду́т; вёл) det. I — lead VI.1
весь (-е), вся, всё; всё (pl.) — all, the whole IX.8
ве́чер (N.pl. вечера́) — evening VII, IX.2
взять (возьму́т) P — *see* брать VIII

видеть (видят) I	see V
Виктор	Victor V
влетать I	fly in (to) XI
влететь (влетят) P	*see* влетать XI
вместе	together X
внести (внесут; внёс, внесло) P	*see* вносить XI
внимание	attention X
вносить I	carry in
во = в	
вода	water
водить indet. I	lead VI.1
водка	vodka X
возвратить P	*see* возвращать XI
возвратиться P	*see* возвращаться XI
возвращать I	return, give back XI
возвращаться I	return, come back XI
возможно	it is possible X.6
война	war III
войти (войдут; вошёл, вошло) P	*see* входить XI
вопрос	question V
восемнадцать	eighteen XI
восемь	eight XI
восемьдесят	eighty XI
восемьсот	eight hundred XI
воскресенье	Sunday XI
восточный	eastern X
восьмой	eighth VIII
вот	here, here is/ there is (pointing) I
время (obl.sg. and pl. stem времен-) n.	time I, IX.9
всё равно (+ dat.)	it's all the same (to) XII
всегда	always IV
вставать (встают) I	stand up, get up XII
встать (встанут) P	*see* вставать XII
встретить P	*see* встречать VI
встретиться P	*see* встречаться VII
встречать I	meet, encounter VI
встречаться I	meet, encounter VII
вторник	Tuesday XI
второй	second II
входить I	go in, enter XI
вчера	yesterday III
вчерашний	yesterday's VIII
вы	you (pl.) II
вывести (выведут; вывел) P	*see* выводить XI
выводить I	lead out, conclude XI
выезжать I	leave, exit riding XI

въехать (въедут) P   *see* выезжать XI
выйти (выйдут;
   вышел, вышло) P   *see* выходить XI
вылетать I   fly out, exit flying   XI
вылететь (вылетят) P   *see* вылетать XI
вынести (вынесут;
   вынес, вынесло) P   *see* выносить XI
выносить I   carry out XI
выпить P   *see* пить X.9
выходить I   exit, go out   XI
въезжать I   ride in   XI
въехать (въедут)   *see* въезжать XI

газета   newspaper, gazette   I
где   where   I
где-нибудь   somewhere, anywhere at all   VI.4
где-то   somewhere   VI.4
гений   genius   I
герой   hero   IV
глава   chapter, head   IV
главный   main   IV
главным образом   mainly, chiefly   VII
говорить I   talk, speak; say, tell   II; IV
год (в году; n.pl.
   года or годы)   year   XII (cf. II.4)
     year   XII (cf. II.4)
голова   head   VII
голос (N.pl. голоса)   voice   VII
гораздо   much   XI
город (N.pl. города)   city   I; IX.2
господин (N.pl.
   господа)   gentleman, Mr., sir   IX.2
госпожа   lady, Mrs., miss, madam   IX
государство   state (political structure), country, nation   VII
готовить I   prepare   XII
гражданин (N. pl.
   граждане)   citizen   IX.2
гражданка (+о)   citizeness   IX
грамматика   grammar   II
граница   border, frontier, boundary   X
громкий   loud   III
да   yes   I
давай, давайте   let's   X.1
давать (дают) I   give   V

давно́	for/since a long time, long ago X
да́же	even XI
да́ть (да́м, да́шь, да́ст, дади́м, дади́те, даду́т) P	*see* дава́ть
два́ m. and n., две́ f.	two XI.6
два́дцать	twenty XI
двена́дцатый	twelfth XII
двена́дцать	twelve XI
две́рь f.	door VI
две́сти	two hundred XI
де́вушка (+e)	girl VIII
девяно́сто	ninety XI
девятна́дцать	nineteen XI
девя́тый	ninth IX
де́вять	nine XI
девятьсо́т	nine hundred XI
дека́брь	December XII
де́лать I	do, make VI
де́нь (-e)	day VII
де́ньги (+e) pl.only	money X
дере́вня (+e)	village, country I
деся́тый	tenth X
де́сять	ten XI
де́ти (pl. of ребёнок)	children IX.2
дива́н	sofa X
для (+ gen.)	for, for the sake of VIII
для того́ что́бы	to, in order to, that X.4
до (+ gen.)	before, up to III
до тех пор, пока́ ... не	until XII.3
до того́ как	(sometime) before XII.3
до́брый	good, kind, nice VI
до́ждь	rain VIII
до́ктор (N.pl. доктора́)	doctor I; IX.2
до́лго	for a long time III
до́лжен, должно́, должна́, должны́	ought, must, have to IX.3
должно́ быть	probably IX.3
до́м (N.pl. дома́)	house, home, building I; IX.2
до́ма (adv.)	at home II
домо́й	home(wards) VI
доро́га	road V
дорого́й	dear, expensive XI
до́чь (obl.sg. and pl. stem дочер-)	daughter IX.9
дре́вний	ancient I

дру́г (N.pl. друзья́)	friend	III; IX.2
дру́г дру́га	each other	XI.10
друго́й	other; next	XI
ду́мать I	think	V
дя́дя (g.pl. дя́дей) m.	uncle	VI.6
Евро́па	Europe	IV
его́	his	III.6
её	her	III.6
е́здить indet. I	go, ride	VI.1
е́сли	if	X.5
есте́ственный	natural	VIII
е́сть	is, there is, there are	I.2
е́хать (е́дут) det. I	go, ride	VI.1
ещё	still, more, even	V
жда́ть (ждут) I + acc. or gen.	wait (for), expect	VIII
же (emphatic particle)		II.7
жена́	wife	III
же́нщина	woman	VII
жи́знь f.	life	V
жи́ть (живу́т) I	live	III, IV
журна́л	journal, magazine	I
за (+ acc.)	behind, beyond	IV
(+ instr.)	behind, beyond, for (to fetch)	VII
за́втра	tomorrow	IV
зада́ча	problem, task	VIII
заинтересова́ть P	*see* интересова́ть	IX
заинтересова́ться P (+ instr.)	*see* интересова́ться	IX
закрыва́ть I	shut, close	VIII
закры́ть (закро́ют) P	*see* закрыва́ть	VIII
замеча́ть I	take notice of, remark, observe	XII
заме́тить P	*see* замеча́ть	XII
занима́ть I	occupy, take up	VIII
занима́ться I (+ instr.)	be engaged in, occupy oneself with, study	VIII
заня́ть (займу́т) P	*see* занима́ть	VIII
заня́ться (займу́тся) P (+ instr.)	*see* занима́ться	VIII
за́падный	western	X

захоте́ть (захочу́, захо́чешь, захо́чет, захоти́м, захоти́те, захотя́т) P	*see* хоте́ть V
зда́ние	building (structure) I
здесь	here I
зелёный	green VIII
земля́	earth, land VII
зима́	winter VII
знако́мый	acquainted, familiar; acquaintance VIII
знать	know III; IV
значе́ние	meaning, significance XI

и	and I; emphatic particle II
и ... и	both ... and III
и т.д.= и та́к да́лее	
и та́к да́лее (и т.д.)	etc., and so forth XI
Ива́н	Ivan II
игра́ть I	play IX
идти́ (иду́т; шёл, шло) det. I	go, walk VI.1
из (+ gen.)	out of, from VIII
изве́стие	news VII
изве́стный	famous, well-known IV
и́ли	or I
и́ли ... и́ли	either ... or III
име́ть (име́ют) I	have XI
инжене́р	engineer III
иногда́	sometimes VII
институ́т	institute I
интере́сный	interesting I
интересова́ть I	interest IX
интересова́ться I (+ instr.)	be interested (in) IX
исто́рик	historian II
истори́ческий	historic III
исто́рия	history, story I
ию́ль	July XII
ию́нь	June XII

к, ко (+ dat.)	to, towards, to the house or place of V
ка́ждый	each, every VII
каза́ться (ка́жутся) I	seem, appear VII
как	how, as VI
как то́лько	just as soon as XII.3

какой	what kind of, which, what II
кино (indecl.)	cinema, movies III.8
класс	class, classroom IV
класть (кладут; клал) I	put, place IV
книга	book I
ко = к	
когда	when II
когда-нибудь	sometime (or other), at one time, at any time, ever VI.4
когда-то	once, at one time VI.4
комната	room V
конец (-е)	end III
конечно	of course III
концерт	concert II
кончать I (trans.)	end, finish IX
кончаться I (intrans.)	end, finish IX
кончить P (trans.)	*see* кончать IX
кончиться P (intrans.)	*see* кончаться IX
костюм	dress, suit VII
который	who, which, that, what VI
край (в/на краю; n.pl. края)	edge; region, land II.4; IX.2
красивый	pretty VIII
критик	critic IV
кто	who II
кто-нибудь	someone, anyone at all VI.4
кто-то	someone VI.4
куда	where IV.9
куда-нибудь	somewhere, anywhere at all VI.4
куда-то	somewhere VI.4
культура	culture V
культурный	cultured VI
купить P	*see* покупать X
лампа	lamp; bulb III
лежать I	lie, be lying X
лекция	lecture IV
Ленинград	Leningrad XI
летать indet. I	fly VI.1
лететь (летят) det. I	fly VI.1
лето	summer VII
лечь (лягут; лёг, легло) P	*see* ложиться XII
ли (question particle)	II.8, VI.5

Ли́за	Lisa	V
литерату́ра	literature	IV
ложи́ться I	lie down	XII
луна́	moon	VII
лу́чше	better	XI.4
лу́чший	better	XI.4,5
люби́ть I	love, like	IX
лю́ди (pl. of челове́к)	people, men	IX.2
май	May	XII
ма́ленький	little, small	VI
ма́ло (+ gen.)	a little, few	IX.4
Мари́я	Maria, Mary	IV
март	March	XII
мать (obl.sg. and pl.stem матер-)	mother	IX.9
ме́дленный	slow	III
ме́жду (+ instr.)	between, among	X
ме́жду тем как	while	XII.3
ме́нее	less	XI.4
ме́ньше	less, smaller	XI
ме́ньший	lesser, smaller	XI.4
ме́сто	place	III
ме́сяц	month	XII
миллиа́рд (биллио́н)	billion (1,000,000,000)	XI
миллио́н	million	XI
Михаи́л	Michael	VI
Ми́ша	Misha (dim. of Michael)	VI.6
мину́та	minute	XII
мир	world; peace	XII
мно́гие	many	IX
мно́го (+ gen.)	many, a lot	IX.4
мо́жет быть	perhaps	V
мо́жно	one may, is permitted	X.6
мой, моё, моя́	my, mine	III.6
молодо́й	young	I
мо́ре	sea	I
Москва́	Moscow	I
мочь (могу́, мо́жешь, мо́жет, мо́жем, мо́жете, мо́гут; мог, могло́) I	able, can	V.1
муж (N.pl. мужья́)	husband	III; IX.2
музе́й	museum	I
мы	we	II

на (+ prep.)	on; at, in II
(+ acc.)	on, onto; to IV; for (with certain time expressions)
над (+ instr.)	over, above VII
нáдо (+ dat.)	it is necessary; must, ought, have to IX.3
назáд, томý назáд	back; ago XII
назвáть (назовýт) P	*see* называ́ть VII
называ́ть I	call, name VII
наи-	intensifying prefix, the most XI.5
найти́ (найдýт; нашёл, нашлó) P	*see* находи́ть XII
наконéц	finally, at last IV
налива́ть I	pour X.9
нали́ть (нальёт) P	*see* налива́ть X.9
написа́ть (напи́шут) P	*see* писа́ть IV
настоя́щий	present, real XII
наýка	science VIII
научи́ть P	*see* учи́ть V
находи́ть I	find XII
нача́ло	beginning III
нача́ть (начнýт) P (trans.)	*see* начина́ть VIII
нача́ться (начнýтся) P (intrans.)	*see* начина́ться VIII
начина́ть I	begin, start (trans.) VIII
начина́ться I	begin, start (intrans.) VIII
наш, нáше, нáша	our, ours III.6
не	not I; V.11
не рáз	more than once XII.5
невозмóжно	impossible X.6
нéгде	nowhere, no place; somewhere XI.3
недéля	week XII
нéкогда	no time; at one time XI.3
нéкоторый	a certain; some XI.3
нéкто	no one; someone XI.3
нéкуда	nowhere XI.3
нельзя́	be forbidden, impossible X.6
нéмец (-е)	a German VIII
немéцкий	German V
нéмка (+о)	a German VIII
необходи́мый	necessary, indispensable IX
нéсколько (+ gen.)	several IX.4
нести́ (несýт; нёс, неслó) det. I	carry VI.1
нéт	no, there is no(t) I

не́что	nothing; something XI.3
ни	III.7; X.8
ни ... ни	neither ... nor III
ни оди́н	not a single, no XI.6
ни ра́зу ... не + verb	not once XII.5
-нибудь	VI.4
никогда́	never III
Никола́й	Nicholas IV
никто́	no one III
ниче́й, ничьё, ничья́	nobody's VII
ничто́	nothing III
но	but, however I
но́вый	new I
носи́ть indet. I	carry VI.1
ночь f.	night VII
ноя́брь	November XII
ну́жен, ну́жно, нужна́, нужны́	need, be necessary IX.3
ну́жно (+ dat.)	must, ought, have to, it is necessary IX.3
ну́жный	necessary IX
Нью-Йо́рк	New York VI
о, об, обо (+ prep.)	about, concerning II
об = о	
о́ба m. and n., о́бе f.	both, the two XII.6
обо = о	
о́браз	shape, form; way, manner VII
гла́вным о́бразом	mainly, chiefly
обрати́ть P	see обраща́ть X
обраща́ть I	turn X
объясни́ть P	see объясня́ть IV
объясня́ть I	explain IV
одева́ть (одева́ют) I	dress VII
одева́ться (одева́ются) I	get dressed VII
оде́ть (оде́нут) P	see одева́ть VII
оде́ться (оде́нутся) P	see одева́ться VII
оди́н (-и), одно́, одна́; одни́ (pl.)	one; only, alone, a, some XI.6
ни оди́н	not a single, no XI.6
оди́ннадцатый	eleventh XI
оди́ннадцать	eleven XI
одна́ко	however VII
о́коло (+ gen.)	near, around III

октябрь	October XII
Ольга	Olga III
он	he, it I.9
она́	she, it I.9
оно́	it I.9
они́	they I.9
о́сень f.	fall, autumn VII
от (+ gen.)	from, away from VI
отве́т	answer, reply, response X
отве́тить P	*see* отвеча́ть V
отвеча́ть I	answer, give an answer V
оте́ц (-е)	father V
открыва́ть I	open, uncover, discover VI
откры́тие	opening, discovery VIII
откры́ть (откро́ют) P	*see* открыва́ть VI
отку́да	from where XII
отсю́да	from here XII
оттуда	from there XII
о́чень	very, very much II
пе́рвый	first I
перевести́ (переведу́т; перевёл, перевело́) P	*see* переводи́ть XII
переводи́ть I	translate, lead across XII
перед (+ instr.)	before, in front of; prior to XII
перед тем как	(just) before XII.3
перо́ (N.pl. пе́рья)	feather; quill pen IX.2
Пётр	Peter XII
пи́во	beer X
писа́тель	writer I
писа́тельница	writer I
писа́ть (пи́шут) I	write II, IV
письмо́	letter I
пить (пьют) I	drink X.9
плане́та	planet VII
плохо́й	bad VIII
по (+ dat.)	on, along, according to, in; in manner of V, V.8, IX.7
повести́ (поведу́т; повёл) P	*see* води́ть VI.1
повтори́ть P	*see* повторя́ть XII
повторя́ть I	repeat XII
пого́да	weather VIII
под (+ acc.)	under, below IV
(+ instr.)	under, below VII
подвести́ (подведу́т; подвёл) P	*see* подводи́ть XI
подводи́ть I	lead up to XI

подлетáть I	fly up to, approach flying XI
подлетéть (подлетя́т) P	see подлетáть XI
поднести́ (поднесу́т; поднёс, поднеслó) P	see подноси́ть XI
подноси́ть I	carry up to XI
подождáть (подожду́т) P	see ждáть VIII
подойти́ (подойду́т; подошёл, подошлó) P	see подходи́ть XI
поду́мать P	see ду́мать V
подходи́ть I	approach, come up to XI
подъезжáть I	approach, ride up to XI
подъéхать (подъéдут) P	see подъезжáть XI
пóезд	train VI
поéхать (поéдут) P	see éздить VI.1
пожáлуйста	please X
пóздно	late IX
пойти́ (пойду́т; пошёл, пошлó) P	see ходи́ть VI.1
покá	while; for the time being XII
покá ... не	until XII.3
показáться (покáжутся) P	see казáться VII
покупáть I	buy X
полетéть P	see летáть VI.1
половина	half XII
положи́ть P	see класть IV
получáть I	get, receive VI
получи́ть P	see получáть VI
пóмнить I	remember III, IV
помогáть I (+ dat.)	help VIII
помóчь (помогу́, помóжешь, помóжет, помóжем, помóжете, помóгут; помóг, помоглó) P (+ dat.)	see помогáть VIII
понедéльник	Monday XI
понести́ (понесу́т; понёс, понеслó) P	see носи́ть VI.1
понимáть I	understand II, IV
поня́ть (пойму́т) P	see понимáть IV
порá	time (for, to) V
послáть (пошлю́т) P	see посылáть IX
пóсле (+ gen.)	after III
пóсле тогó кáк	after XII.3
послéдний	last XII
посмотрéть (посмóтрят) P	see смотрéть X
посовéтовать P (+dat.)	see совéтовать VII.9

посылáть I	send IX
потóм	then, afterwards IV
потомý что	because II
почемý	why II
почти́	almost VIII
прáвда	truth V
прáвить I	rule, govern; drive, steer VII
пре-	intensifying prefix, most, extremely XI.5
предстáвить P	see представля́ть XII
представля́ть I	present, introduce XII
... себé (dat.)	imagine
... собóй (instr.)	be
прéжде	before XII
прéжде чéм	before XII.3
при (+ prep.)	next to, at, in the presence of, during the time of VI.7
привести́ (приведу́т; привёл) P	see приводи́ть XI
приводи́ть I	lead to XI
привыкáть I	get used to, accustomed to V
привы́кнуть (привы́кнут; привы́к, привы́кло) P	see привыкáть V.1
приготóвить P	see готóвить XII
придётся P	see прихóдится IX.3
приезжáть I	arrive riding, come XI
приéхать (приéдут) P	see приезжáть XI
прийти́ (приду́т; пришёл, пришлó) P	see приходи́ть XI
прилетáть I	arrive flying, come XI
прилетéть (прилетя́т)	see прилетáть XI
принести́ (принесу́т; принёс, принеслó) P	see приноси́ть XI
принимáть I	accept, receive, take; make X
приноси́ть I	bring, come carrying XI
приня́ть (при́мут) P	see принимáть X
приходи́ть I	arrive XI
приходи́лось I	see прихóдится IX.3
прихóдится I (impers. + dat.)	have to, must IX.3
пришлóсь P	see прихóдится IX.3
прия́тный	pleasant VIII
проблéма	problem IX
провести́ (проведу́т; провёл) P	see проводи́ть XI

проводи́ть I	lead through, past	XI
проезжа́ть I	go, ride through, past	XI
прое́хать (прое́дут) P	see проезжа́ть	XI
пройти́ (пройду́т; прошёл, прошло́) P	see проходи́ть	XI
пролета́ть I	fly through, past	XI
пролете́ть (пролетя́т) P	see пролета́ть	XI
пронести́ (пронесу́т; пронёс, пронесло́) P	see проноси́ть	XI
проноси́ть I	carry through, past	XI
просто́й	simple	XI
профе́ссор (N.pl. профессора́)	professor	I, IX.2
проходи́ть I	go, walk through, past	XI
прочита́ть P	see чита́ть	IV
про́шлый	past	XII
пуска́й	let	X.1
пу́сть	let	X.1
путеше́ствие	journey, trip; travel	XII
пятна́дцать	fifteen	XI
пя́тница	Friday	XI
пя́ть	five	XI
пятьдеся́т	fifty	XI
пятьсо́т	five hundred	XI
пя́тый	fifth	V

рабо́та	work, task	V
рабо́тать	work	II, IV
[равно́]		
всё равно́ (+ dat.)	it's all the same (to)	XII
ра́з (gen.pl. ра́з)	once, a time	XII
не ра́з	more than once, not just once	XII.5
ни ра́зу ... не + verb	not once	XII.5
раке́та	rocket	I
ра́но	early	IX
ра́ньше	earlier, before; formerly	XII
ра́ньше че́м	before	XII.3
расска́з	short story	V
ребёнок (-о) (N.pl. ребя́та)	child sg.; lads, fellows pl.	IX.2
револю́ция	revolution	III
результа́т	result	III
река́	river	III
респу́блика	republic	VIII
рестора́н	restaurant	II
реша́ть I	decide, solve	VIII

решéние	decision, solution X
решить P	see решáть VIII
родители (pl. only)	parents X
роднóй	native, own V
роль f.	role, part I
ромáн	novel II
Россия	Russia II
рýсский	Russian I
с (+ instr.)	with VII
(+ gen.)	from XII
с тéх пóр кáк	since XII.3
сáд (в садý)	garden II.4
садиться I	sit down XII
сáм, самó, самá; сáми (pl.)	self XI.9
самолёт	airplane VI
сáмый	the most, the very XI.5,8
тóт сáмый	the very
тóт же сáмый	the very same
свобóдный	free XII
свóй, своё, своя́	one's own III.6
сдéлать P	see дéлать VI
себя́	self VII.6
сéверный	northern X
сегóдня	today IV
сегóдняшний	today's VIII
седьмóй	seventh VII
семнáдцать	seventeen XI
сéмь	seven XI
семьдеся́т	seventy XI
семьсóт	seven hundred XI
сентя́брь	September XII
сестрá	sister III
сéсть (ся́дут; сéл) P	see садиться XII
Сибирь	Siberia XII
сидéть (сидя́т) I	sit, be sitting X
синий	blue V
сказáть (скáжут)	say, tell; see говорить IV
скóлько (+ gen.)	how many IX.4
скóро	soon; quickly VII
слишком	too (much) XI
словáрь	vocabulary, dictionary I
слóво	word I
слы́шать (слы́шат) I	hear XII
смéрть f.	death V
смотрéть (смóтрят) I	look X
смóчь (смогý, смóжешь, смóжет, смóжем, смóжете, смóгут; смóг, смоглó) P	see мочь V

снег (в/на снегу)	snow VIII (cf. II.4)
со = с	
собрание	meeting II
совет	advice, council, soviet V
советовать (+ dat.) I	advise VII.9
советский	soviet II
современный	contemporary, modern IV
согласен, согласно, согласна, согласны	in agreement, agree IX
Соединённые Штаты Америки (США)	United States of America (USA) VIII
соединённый	united VIII
сорок	forty XI
социалистический	socialist V
союз	union II
Союз Советских Социалистических Республик (СССР)	Union of Soviet Socialist Republics (USSR) VIII
спать (спят) I	to sleep VII
специалист	specialist V
спрашивать I	ask, question IX
спросить P	*see* спрашивать IX
спутник	satellite I
среда	Wednesday XI
СССР	USSR VIII
Сталин	Stalin XII
становиться I	become VII
станция	station V
старый	old II
стать (станут) P	become, begin; *see* становиться VII
статья	article V
Стёпа m.	Stëpa (dim. of Steven) VI.6
Степан	Steven VI
стоить I	cost, be worth X
стоять (стоят) I	stand, be standing III; IV
стол	table I
страна	country VIII
странный	strange VIII
студент	student I
студентка (+о)	student I
стул (N.pl. стулья)	chair X
суббота	Saturday XI
сто	one hundred XI
существовать I	exist, be X
счастливый	happy XII
счесть (сочтут; счёл, сочло) P	*see* считать IX
считать I	consider, regard IX
считаться I + instr.	be considered IX
США	USA VIII

сыгра́ть P	see игра́ть IX
сы́н (N.pl. сыновья́)	son IX.2
сюда́	here IV.9
та́к	so, thus VI
та́к как	since, as VI
тако́й	such, of this kind VI
та́м	there I
тво́й, твоё, твоя́	your, yours (sg.) III.6
теа́тр	theater IV
те́кст	text I
телегра́мма	telegram VI
телефо́н	telephone IV
те́м ... че́м	see че́м ... те́м
тёмный	dark V
тепе́рь	now II
ти́хий	quiet XI
-то	VI.4
това́рищ	comrade III
тогда́	then, at that time II
то́же	also III
то́лько	only VII
тому́ наза́д	ago XII
то́т, то́, та́	that II
то́т же	the same II.7
то́т же са́мый	the very same XI.8
тре́тий	third III
три́	three XI
три́дцать	thirty XI
трина́дцать	thirteen XI
три́ста	three hundred XI
ты́сяча	thousand XI
тру́дный	difficult I
туда́	there IV.9
ты́	you (sg.) II
у (+ gen.)	at, near; to have IX.6
увести́ (уведу́т; увёл) P	see уводи́ть XI
уви́деть (уви́дят) P	catch sight of; see ви́деть V
уводи́ть I	lead away XI
уезжа́ть I	leave riding XI
уе́хать (уе́дут) P	see уезжа́ть XI
уже́	already II
уже́ не	no longer II
уйти́ (уйду́т; ушёл, ушло́) P	see уходи́ть XI
улета́ть I	fly away, off XI
улете́ть (улетя́т) P	see улета́ть XI

умере́ть (умру́т; у́мер, у́мерло) P	*see* умира́ть V.1
уме́ть (уме́ют) I	know how to X
умира́ть I	die V
у́мный	intelligent, wise III
унести́ (унесу́т; унёс, унесло́) P	*see* уноси́ть XI
университе́т	university I
уноси́ть I	carry off, away XI
уро́к	lesson IV
услы́шать (услы́шат) P	*see* слы́шать XII
у́тро	morning VII
уходи́ть I	leave, go away XI
учёный	scholar, scientist; scholarly. scientific VIII
учи́ть I	teach (subject matter in dat.) V
учи́тель (N.pl. учителя́)	teacher VIII
учи́тельница	teacher VIII
фа́брика	factory II
февра́ль	February XII
фи́зик	physicist IV
фи́зика	physics V
францу́зский	French VIII
ходи́ть indet. I	go, walk VI.1
хоро́ший	good, fine, nice, well III
хоте́ть (хочу́, хо́чешь, хо́чет, хоти́м, хоти́те, хотя́т) I + acc. or gen.	want V
ху́дший	worse, worst XI.4,5
ху́же	worse XI.5
царь	tsar VII
центра́льный	central VIII
чай	tea X
час	hour, o'clock XII
ча́сто	often II
часы́ (pl. only)	watch, clock; hours XII
ча́шка	cup X
чей, чьё, чья	whose III.6

челове́к (gen.pl. челове́к)	man, human being IV
чём	than XI.4
чём ... тем ...	the more ..., the more ... XI.4
че́рез (+ acc.)	through, across; in (after) XI
четве́рг	Thursday XI
четвёртый	fourth IV
че́тверть f.	a quarter, fourth XII
четы́ре	four XI
четы́реста	four hundred XI
четы́рнадцать	fourteen XI
число́	number; date XII
чита́ть I	read II, IV
что́	what I
что	that II
что́бы	to, in order to, that X.4
что́-нибудь	something, anything VI.4
что́-то	something VI.4
ша́хматы	chess IX
шестна́дцать	sixteen XI
шесть	six XI
шестьдеся́т	sixty XI
шестьсо́т	six hundred XI
шесто́й	sixth VI
шко́ла	school II
штат	state (e.g. of U.S.) V
экза́мен	examination IV
э́тот, э́то, э́та	this, that I.7,8
ю́жный	southern X
я	I II
яви́ться P	*see* явля́ться VII
явля́ться I	appear, present oneself; be VII
язы́к	language V
янва́рь	January XII
я́сный	clear IX

INDEX

Accusative case
   use: 60-61, 64-65
   nouns: sg., 61-62; pl. 102
   adjectives: sg., 62-63; pl., 102-103
   pronouns: sg., 63-64; pl., 103
Adjectives, 27-28
   sg.: *see specific case*
   pl.: *see specific case*
   used as nouns: 28
   adverbs derived from: 45
   short form as predicate: 75
   pronominal: 126-127
   comparative degree: 149-150
   superlative degree: 151
   suffixes: 175-177
Adverbs, 45
   of place: 64-65, 163-164
   comparative degree: 149-150
   superlative degree: 151
Alphabet, 12-13
   pronunciation: *see* Consonants, Vowels
Articles, 25
Aspect, *see* Verbs
Be, to, 25
   future forms: 56
   assertion-denial of existence: 123-126
Cases, function of, 20-21
   see also specific case (Accusative, Dative, Genitive, Instrumental, Nominative, Prepositional)
Commas, use of, 111-112
Comparative degree, adjectives and adverbs: *see* Adjectives, Adverbs
Conditions (if...[then]...), 137-138, 146
Conjugation, *see* Verbs
Conjunctions, 30-31
Consonants, 16-20
   mutation: 71-72, 173
Dates: 166-167
Dative case
   use: 72
   nouns: sg., 73; pl., 102
   adjectives: sg., 73-74; pl., 102-103
   pronouns: sg., 74; pl., 103
   see also "It" constructions
Declension, *see* Adjectives, Nouns, Pronouns

Emphasis, 39
Future tense, *see* Verbs
Gender
   nouns, 25-26
   adjectives, 27-28
Genitive case
   use: 45-46
   nouns: sg., 46-47; pl., 101-102
   adjectives: sg., 47-48; pl., 102-103
   pronouns: sg., 48; pl., 103
   denial of existence: 123-125
   partitive: 135-136
Gerunds, 118-120
Imperative constructions, 133-135, 146, 161-162
Imperfective aspect, *see* Verbs
Infinitive, *see* Verbs
Instrumental case
   use: 91-92
   nouns: sg., 92-93; pl., 102
   adjectives: sg., 93-94; pl., 102-103
   pronouns: sg., 94; pl., 103
   time expressions: 94-95
"It" constructions, 76, 122-123
"Л" form, *see* Verbs
Loan words, 22-23, 86-87
Names, 139-141
Negation, 45-46, 50-51, 76-77, 123-125
Nominative case
   use: 26
   nouns: sg., 26-27; pl., 101
   adjectives: sg., 28-29; pl., 102-103
   pronouns: sg., 29-30; pl., 103
Nouns, 25-26
   sg.: *see specific case*
   pl.: *see specific case and* 120-122
   indeclinable: 51
   verbal: 110-111
   suffixes: 173-175
   see also Adjectives, used as nouns
Numerals, 152-154, 165-166
   use: 154-155
Old Orthography, 13, 188-189
Particles, 39-40, 50-51, 76-77. 84-85, 136
Participles, 103-104
   active: 104-106, 109-110
   passive: 106-108, 109-110
   short form: 109
Passive constructions, 110
Past tense, *see* Verbs
Perfective aspect, *see* Verbs

Possession
   preposition "у": 125-126
Prefixes, *see* Word formation
Present tense, *see* Verbs
Prepositional case
   use: 36
   nouns: sg., 36-37; pl., 102
   adjectives: sg., 37-38; pl., 102-103
   pronouns: sg., 38-39; pl., 103
Pronouns
   demonstrative: 29-30
   third-person personal: 30
   possessive: 49-50
   interrogative and relative: 83-84
   reflexive: 95
   emphatic: 156
   reciprocal: 156
   suffixes and forms: 178-180
   see also specific case
Pronunciation, *see* Consonants, Vowels
Reported speech, 65-66
Roots, 22-23, 183-184
Spelling rules, 31, 172
Stress, 14
Suffixes and forms
   nominal, adjectival, pronominal: 173-180
   verbal: 181-182
   see also Word formation
Superlative degree, *see* Adjectives, Adverbs
"Т" form, *see* Verbs
Tense, *see* Verbs
Time, 167-168
Verbal nouns, *see* Nouns
Verbs
   "to be", 25, 56
   infinitive: 35; uses, 76, 136-137, 146
   aspect: 55-56
   "Л" form (past tense): 35-36, 58-60, 70
   past tense ("Л" form): 35-36, 58-60, 70
   "Т" form (present and future tense): 56-58

   present tense ("Т" form): 56-58
   future tense ("Т" form): 56-58
   conjugation, first and second: 56-58
   -нуть: 71
   going-conveying: 81-83; prefixed, 147
   -ся: 95-96
   -овать/-евать: 96-97
   monosyllabic -ить: 141
   third person, plural with non-specified subject,
     impersonal action: 86

suffixes: 181-182
Vowels, 14-16
Word order, 31, 96, 189-190
Word formation, 86-87, 110-111, 183-188

OTHER BOOKS FROM SLAVICA

Patricia M. Arant: *Russian for Reading*, 214 p., 1981.

Howard I. Aronson: *Georgian: A Reading Grammar*, 526 p., 1982.

James E. Augerot and Florin D. Popescu: *Modern Romanian*, xiv + 330 p., 1983.

Natalya Baranskaya: Неделя как неделя *Just Another Week*, edited by L. Paperno et al., 92 p., 1989.

Adele Marie Barker: *The Mother Syndrome in the Russian Folk Imagination*, 180 p., 1986.

R. P. Bartlett, A. G. Cross, and Karen Rasmussen, eds.: *Russia and the World of the Eighteenth Century*, viii + 684 p., 1988.

John D. Basil: *The Mensheviks in the Revolution of 1917*, 220 p., 1984.

Henrik Birnbaum & Thomas Eekman, eds.: *Fiction and Drama in Eastern and Southeastern Europe: Evolution and Experiment in the Postwar Period*, ix + 463 p., 1980.

Henrik Birnbaum and Peter T. Merrill: *Recent Advances in the Reconstruction of Common Slavic (1971-1982)*, vi + 141 p., 1985.

Marianna D. Birnbaum: *Humanists in a Shattered World: Croatian and Hungarian Latinity in the Sixteenth Century*, 456 p., 1986.

Feliks J. Bister and Herbert Kuhner, eds.: *Carinthian Slovenian Poetry*, 216 p., 1984.

Karen L. Black, ed.: *A Biobibliographical Handbook of Bulgarian Authors*, 347 p., 1982.

Marianna Bogojavlensky: *Russian Review Grammar*, xviii + 450 p., 1982.

Rodica C. Boțoman, Donald E. Corbin, E. Garrison Walters: *Îmi Place Limba Română/A Romanian Reader*, 199 p., 1982.

Richard D. Brecht and James S. Levine, eds: *Case in Slavic*, 467 p., 1986.

Gary L. Browning: *Workbook to Russian Root List*, 85 p., 1985.

Diana L. Burgin: *Richard Burgin A Life in Verse*, 230 p., 1989.

R. L. Busch: *Humor in the Major Novels of Dostoevsky*, 168 p., 1987.

Catherine V. Chvany and Richard D. Brecht, eds.: *Morphosyntax in Slavic*, v + 316 p., 1980.

Jozef Cíger-Hronský: *Jozef Mak* (a novel), translated from Slovak, 232 p., 1985.

J. Douglas Clayton, ed.: *Issues in Russian Literature Before 1917 Selected Papers of the Third World Congress for Soviet and East European Studies*, 248 p., 1989.

Julian W. Connolly and Sonia I. Ketchian, eds.: *Studies in Russian Literature in Honor of Vsevolod Setchkarev*, 288 p. 1987.

Gary Cox: *Tyrant and Victim in Dostoevsky*, 119 p., 1984.

Anna Lisa Crone and Catherine V. Chvany, eds.: *New Studies in Russian Language and Literature*, 302 p., 1987.

OTHER BOOKS FROM SLAVICA

Carolina De Maegd-Soëp: *Chekhov and Women: Women in the Life and Work of Chekhov*, 373 p., 1987.

Bruce L. Derwing and Tom M. S. Priestly: *Reading Rules for Russian: A Systematic Approach to Russian Spelling and Pronunciation, with Notes on Dialectal and Stylistic Variation*, vi + 247 p., 1980.

Dorothy Disterheft: *The Syntactic Development of the Infinitive in Indo-European*, 220 p., 1980.

Thomas Eekman and Dean S. Worth, eds.: *Russian Poetics* Proceedings of the International Colloquium at UCLA, September 22-26, 1975, 544 p., 1983.

Mark J. Elson: *Macedonian Verbal Morphology A Structural Analysis*, 147 p., 1989.

Michael S. Flier and Richard D. Brecht, eds.: *Issues in Russian Morphosyntax*, 208 p., 1985.

Michael S. Flier and Alan Timberlake, eds: *The Scope of Slavic Aspect*, 295 p., 1985.

John Miles Foley, ed.: *Comparative Research on Oral Traditions: A Memorial for Milman Parry*, 597 p., 1987.

John M. Foley, ed.: *Oral Traditional Literature A Festschrift for Albert Bates Lord*, 461 p., 1981.

Diana Greene: *Insidious Intent: An Interpretation of Fedor Sologub's* The Petty Demon, 140 p., 1986.

Charles E. Gribble, ed.: *Medieval Slavic Texts, Vol. 1, Old and Middle Russian Texts*, 320 p., 1973.

Charles E. Gribble: *Reading Bulgarian Through Russian*, 182 p., 1987.

Charles E. Gribble: *Russian Root List with a Sketch of Word Formation, Second Edition*, 62 p., 1982.

Charles E. Gribble: *A Short Dictionary of 18th-Century Russian*/Словарик Русского Языка 18-го Века, 103 p., 1976.

Charles E. Gribble, ed.: *Studies Presented to Professor Roman Jakobson by His Students*, 333 p., 1968.

George J. Gutsche and Lauren G. Leighton, eds.: *New Perspectives on Nineteenth-Century Russian Prose*, 146 p., 1982.

Morris Halle, ed.: *Roman Jakobson: What He Taught Us*, 94 p., 1983.

Morris Halle, Krystyna Pomorska, Elena Semeka-Pankratov, and Boris Uspenskij, eds.: *Semiotics and the History of Culture In Honor of Jurij Lotman Studies in Russian*, 437 p., 1989.

Charles J. Halperin: *The Tatar Yoke*, 231 p., 1986.

William S. Hamilton: *Introduction to Russian Phonology and Word Structure*, 187 p., 1980.

Pierre R. Hart: *G. R. Derzhavin: A Poet's Progress*, iv + 164 p., 1978.

OTHER BOOKS FROM SLAVICA

Michael Heim: *Contemporary Czech*, 271 p., 1982.

Michael Heim, Zlata Meyerstein, and Dean Worth: *Readings in Czech*, 147 p., 1985.

Warren H. Held, Jr., William R. Schmalstieg, and Janet E. Gertz: *Beginning Hittite*, ix + 218 p., 1988.

M. Hubenova & others: *A Course in Modern Bulgarian, Part 1*, viii + 303 p., 1983; *Part 2*, ix + 303 p., 1983.

Martin E. Huld: *Basic Albanian Etymologies*, x + 213 p., 1984.

Charles Isenberg: *Substantial Proofs of Being: Osip Mandelstam's Literary Prose*, 179 p., 1987.

Roman Jakobson, with the assistance of Kathy Santilli: *Brain and Language Cerebral Hemispheres and Linguistic Structure in Mutual Light*, 48 p., 1980.

Donald K. Jarvis and Elena D. Lifshitz: *Viewpoints: A Listening and Conversation Course in Russian, Third Edition*, iv + 66 p., 1985; *Instructor's Manual*, v + 37 p.

Leslie A. Johnson: *The Experience of Time in Crime and Punishment*, 146 p., 1985.

Stanislav J. Kirschbaum, ed.: *East European History: Selected Papers of the Third World Congress for Soviet and East European Studies*, 183 p., 1989.

Emily R. Klenin: *Animacy in Russian: A New Interpretation*, 139 p., 1983.

Andrej Kodjak, Krystyna Pomorska, and Kiril Taranovsky, eds.: *Alexander Puškin Symposium II*, 131 p., 1980.

Andrej Kodjak, Krystyna Pomorska, Stephen Rudy, eds.: *Myth in Literature*, 207 p., 1985.

Andrej Kodjak: *Pushkin's I. P. Belkin*, 112 p., 1979.

Andrej Kodjak, Michael J. Connolly, Krystyna Pomorska, eds.: *Structural Analysis of Narrative Texts (Conference Papers)*, 203 p., 1980.

Demetrius J. Koubourlis, ed.: *Topics in Slavic Phonology*, vii + 270 p., 1974.

Ronald D. LeBlanc: *The Russianization of Gil Blas: A Study in Literary Appropriation*, 292 p. 1986.

Richard L. Leed, Alexander D. Nakhimovsky, and Alice S. Nakhimovsky: *Beginning Russian, Vol. 1*, xiv + 426 p., 1981; *Vol. 2*, viii + 339 p., 1982.

Richard L. Leed and Slava Paperno: *5000 Russian Words With All Their Inflected Forms: A Russian-English Dictionary*, xiv + 322 p., 1987.

Edgar H. Lehrman: *A Handbook to Eighty-Six of Chekhov's Stories in Russian*, 327 p., 1985.

Lauren Leighton, ed.: *Studies in Honor of Xenia Gąsiorowska*, 191 p.

OTHER BOOKS FROM SLAVICA

R. L. Lencek: *The Structure and History of the Slovene Language*, 365 p.

Jules F. Levin and Peter D. Haikalis, with Anatole A. Forostenko: *Reading Modern Russian*, vi + 321 p., 1979.

Maurice I. Levin: *Russian Declension and Conjugation:* A Structural Description with Exercises, x + 159 p., 1978.

Alexander Lipson: *A Russian Course. Part 1,* ix + 338 p., 1981; *Part 2,* 343 p., 1981; *Part 3,* iv + 105 p., 1981; *Teacher's Manual* by Stephen J. Molinsky (who also assisted in the writing of Parts 1 and 2), 222 p.

Yvonne R. Lockwood: *Text and Context Folksong in a Bosnian Muslim Village*, 220 p., 1983.

Sophia Lubensky & Donald K. Jarvis, eds.: *Teaching, Learning, Acquiring Russian*, viii + 415 p., 1984.

Horace G. Lunt: *Fundamentals of Russian*, xiv + 402 p., reprint, 1982.

Paul Macura: *Russian-English Botanical Dictionary*, 678 p., 1982.

Thomas G. Magner, ed.: *Slavic Linguistics and Language Teaching*, x + 309 p., 1976.

Amy Mandelker and Roberta Reeder, eds.: *The Supernatural in Slavic and Baltic Literature: Essays in Honor of Victor Terras,* Introduction by J. Thomas Shaw, xxi + 402 p., 1989.

Vladimir Markov and Dean S. Worth, eds.: *From Los Angeles to Kiev Papers on the Occasion of the Ninth International Congress of Slavists,* 250 p., 1983.

Mateja Matejić and Dragan Milivojević: *An Anthology of Medieval Serbian Literature in English,* 205 p., 1978.

Peter J. Mayo: *The Morphology of Aspect in Seventeenth-Century Russian (Based on Texts of the Smutnoe Vremja)*, xi + 234 p., 1985.

Arnold McMillin, ed.: *Aspects of Modern Russian and Czech Literature Selected Papers of the Third World Congress for Soviet and East European Studies,* 239 p., 1989.

Gordon M. Messing: *A Glossary of Greek Romany As Spoken in Agia Varvara (Athens)*, 175 p., 1988.

Vasa D. Mihailovich and Mateja Matejic: *A Comprehensive Bibliography of Yugoslav Literature in English, 1593-1980,* xii + 586 p., 1984.

Vasa D. Mihailovich: *First Supplement to A Comprehensive Bibliography of Yugoslav Literature in English 1981-1985,* 338 p., 1989.

Edward Mozejko, ed.: *Vasiliy Pavlovich Aksenov: A Writer in Quest of Himself,* 272 p., 1986.

Edward Możejko: *Yordan Yovkov,* 117 p., 1984.

Alexander D. Nakhimovsky and Richard L. Leed: *Advanced Russian, Second Edition, Revised,* vii + 262 p., 1987.

Felix J. Oinas: *Essays on Russian Folklore and Mythology*, 183 p., 1985.

OTHER BOOKS FROM SLAVICA

Hongor Oulanoff: *The Prose Fiction of Veniamin Kaverin,* v + 203 p.

Temira Pachmuss: *Russian Literature in the Baltic between the World Wars,* 448 p., 1988.

Lora Paperno: *Getting Around Town in Russian: Situational Dialogs,* English translation and photographs by Richard D. Sylvester, 123 p.

Slava Paperno, Alexander D. Nakhimovsky, Alice S. Nakhimovsky, and Richard L. Leed: *Intermediate Russian: The Twelve Chairs,* 326 p.

Ruth L. Pearce: *Russian For Expository Prose, Vol. 1 Introductory Course,* 413 p., 1983; *Vol. 2 Advanced Course,* 255 p., 1983.

Jan L. Perkowski: *The Darkling A Treatise on Slavic Vampirism,* 169 p.

Gerald Pirog: *Aleksandr Blok's Итальянские Стихи Confrontation and Disillusionment,* 219 p., 1983.

Stanley J. Rabinowitz: *Sologub's Literary Children: Keys to a Symbolist's Prose,* 176 p., 1980.

Gilbert C. Rappaport: *Grammatical Function and Syntactic Structure: The Adverbial Participle of Russian,* 218 p., 1984.

David F. Robinson: *Lithuanian Reverse Dictionary,* ix + 209 p., 1976.

Don K. Rowney & G. Edward Orchard, eds.: *Russian and Slavic History,* viii + 303 p., 1977.

Catherine Rudin: *Aspects of Bulgarian Syntax: Complementizers and WH Constructions,* iv + 232 p., 1986.

Gerald J. Sabo, S.J., ed.: *Valaská Škola, by Hugolin Gavlovič, with a linguistic sketch by Ľ. Ďurovič, 730 p., 1988.*

Ernest A. Scatton: *Bulgarian Phonology,* xii + 224 p., 1975 (reprint: 1983).

Ernest A. Scatton: *A Reference Grammar of Modern Bulgarian,* 448 p.

Barry P. Scherr and Dean S. Worth, eds.: *Russian Verse Theory Proceedings of the 1987 Conference at UCLA,* 514 p., 1989.

William R. Schmalstieg: *Introduction to Old Church Slavic, second edition,* 314 p., 1983.

William R. Schmalstieg: *A Lithuanian Historical Syntax,* xi + 412 p., 1988.

R. D. Schupbach: *Lexical Specialization in Russian,* 102 p., 1984.

Peter Seyffert: *Soviet Literary Structuralism: Background Debate Issues,* 378 p., 1985.

Kot K. Shangriladze and Erica W. Townsend, eds.: *Papers for the V. Congress of Southeast European Studies (Belgrade, September 1984),* 382 p., 1984.

J. Thomas Shaw: *Pushkin A Concordance to the Poetry,* 2 volumes, 1310 pages total, 1985.

Efraim Sicher: *Style and Structure in the Prose of Isaak Babel',* 169 p., 1986.

Mark S. Simpson: *The Russian Gothic Novel and its British Antecedents,* 112 p., 1986.

OTHER BOOKS FROM SLAVICA

David A. Sloane: *Aleksandr Blok and the Dynamics of the Lyric Cycle,* 384 p., 1988.

Greta N. Slobin, ed.: *Aleksej Remizov: Approaches to a Protean Writer,* 286 p., 1987.

Theofanis G. Stavrou and Peter R. Weisensel: *Russian Travelers to the Christian East from the Twelfth to the Twentieth Century,* L + 925 p.

Gerald Stone and Dean S. Worth, eds.: *The Formation of the Slavonic Literary Languages, Proceedings of a Conference Held in Memory of Robert Auty and Anne Pennington at Oxford 6-11 July 1981,* 269 p.

Roland Sussex and J. C. Eade, eds.: *Culture and Nationalism in Nineteenth-Century Eastern Europe,* 158 p., 1985.

Oscar E. Swan: *First Year Polish, second edition, revised and expanded,* 354 p., 1983.

Oscar E. Swan: *Intermediate Polish,* 370 p., 1986.

Jane A. Taubman: *A Life Through Verse Marina Tsvetaeva's Lyric Diary,* 296 p., 1989.

Charles E. Townsend: *Continuing With Russian,* xxi + 426 p., 1981.

Charles E. Townsend and Veronica N. Dolenko: *Instructor's Manual to Accompany* Continuing With Russian, 39 p., 1987.

Charles E. Townsend: *Czech Through Russian,* viii + 263 p., 1981.

Charles E. Townsend: *The Memoirs of Princess Natal'ja Borisovna Dolgorukaja,* viii + 146 p., 1977.

Charles E. Townsend: *Russian Word Formation, corrected reprint,* viii + 272 p., 1975.

Janet G. Tucker: *Innokentij Annenskij and the Acmeist Doctrine,* 154 p.

Boryana Velcheva: *Proto-Slavic and Old Bulgarian Sound Changes,* Translation of the original by Ernest A. Scatton, 187 p., 1988.

Walter N. Vickery, ed.: *Aleksandr Blok Centennial Conference,* 403 p.

Essays in Honor of A. A. Zimin, ed. D. C. Waugh, xiv + 416 p., 1985.

Daniel C. Waugh: *The Great Turkes Defiance On the History of the Apocryphal Correspondence of the Ottoman Sultan in its Muscovite and Russian Variants,* ix + 354 p., 1978.

Susan Wobst: *Russian Readings and Grammatical Terminology,* 88 p.

James B. Woodward: *The Symbolic Art of Gogol: Essays on His Short Fiction,* 131 p., 1982.

Dean S. Worth: *Origins of Russian Grammar Notes on the state of Russian philology before the advent of printed grammars,* 176 p., 1983.

Что я видел *What I Saw* by Boris Zhitkov, Annotated and Edited by Richard L. Leed and Lora Paperno, 128 p. (8.5 x 11" format), 1988.